25.

Koblenz

27 . 8 . 97

Die Unternehmerfamilie
Puricelli

Wirtschafts-, sozialhistorische und kulturelle Aspekte

Schriftenreihe des Freilichtmuseums Bad Sobernheim, Nr. 16

Herausgegeben von
Dr. Klaus Freckmann
im Auftrag des Zweckverbandes Freilichtmuseum Bad Sobernheim

Klaus Freckmann (Hg.)

Die Unternehmerfamilie
P u r i c e l l i

Wirtschafts-, sozialhistorische und kulturelle Aspekte

Rheinland-Verlag GmbH · Köln
in Kommission bei
Rudolf Habelt Verlag · Bonn

Titel und Rückseite des Umschlages:
Planzeichnung der Ansicht Burg Reichenstein,
Architekt Georg Strebel, 1901; Auszug aus:
"Sechste Auflage der Gusswaren-Abbildungen von Gebrüder Puricelli
vormals Friedr. Wilhm. Utsch auf den Rheinböller-Hüttenwerken
per Bingerbrück a. Rhein, 1896"

Copyright: Zweckverband Freilichtmuseum Bad Sobernheim
Bad Sobernheim 1997
Redaktion: K. Freckmann, C. Graf von Plettenberg, F. Schellack
Herstellung: Publikationsstelle des Landschaftsverbandes Rheinland
Layout und Gestaltung: Scheunemann Marketing & Werbung, 55543 Bad Kreuznach
Druck: Druckerei Gras & Jung GmbH, 55505 Bad Kreuznach
ISBN: 3-7927-1644-5

Herzlichen Dank sagen wir allen finanziellen und ideellen Förderern dieser Publikation:

Dem Rotary-Club Bad Kreuznach
Dem Rotary-Club Bad Kreuznach-Nahetal
Der Verbandsgemeinde Rhein-Nahe/Bingen am Rhein
Der Verbandsgemeinde Rheinböllen
Dem Ministerium für Bildung, Wissenschaft und Weiterbildung/Mainz
Dem Medienzentrum des Landes Rheinland-Pfalz/Koblenz
Dem Landesamt für Denkmalpflege - Verwaltung der staatlichen Schlösser/Mainz
Der Familie Schmitz/Burg Reichenstein bei Trechtingshausen am Rhein
Der Sparkasse Rhein-Nahe/Bad Kreuznach
Dem Schloßparkmuseum/Bad Kreuznach
Dem "Freundeskreis Freilichtmuseum e.V." (Förderverein des Freilichtmuseums Bad Sobernheim)
Der Scheunemann Marketing & Werbung/Bad Kreuznach
Den Autoren
Herrn Dr. Werner Vogt/Bad Sobernheim für die Korrektur

und denjenigen, die nicht genannt werden möchten.

Der Redaktionsausschuß:

Dr. Klaus Freckmann   Constantin Graf v. Plettenberg   Dr. Fritz Schellack

Vorwort

Zu den Aufgaben von Rotary gehört nicht nur das soziale, sondern auch das kulturelle Engagement, sei es daß eine künstlerische Ausbildung unterstützt wird, sei es daß man sich eines kulturhistorischen Themas annimmt. So sind solche Untersuchungen und Darstellungen förderungswürdig, die an bedeutende, allerdings im allgemeinen Bewußtsein weniger bekannte Kapitel der Regionalgeschichte erinnern. Hierzu gehören zweifelsohne die Leistungen, welche die Familie Puricelli auf wirtschaftlichem, sozialem und kulturellem Gebiet auszeichnen. Einst von Oberitalien nach Meisenheim zugewandert und Ende des 18. Jahrhunderts mit der Familie Utsch auf der Rheinböller Hütte verwandtschaftlich verbunden, zählten die Puricelli bald zur führenden wirtschaftlichen Schicht in der Mittelrhein-Nahe-Hunsrück-Region. Sicherlich gibt es über die Aktivitäten dieser Industriellenfamilie bereits einige fundierte wirtschafts- und kulturhistorische Abhandlungen. Aber es galt – da der Allgemeinheit schon entrückt – diesen ganzen Komplex nochmals aufzugreifen und einige Aspekte auszuleuchten – zumal vor dem Hintergrund bisher nicht bekannter historischer Materialien. Es war dieses Anliegen, das Prof. Dr. Reiner Dreher als Präsident des Rotary Clubs Bad Kreuznach im Jahre 1995/96 bewegte und für das er auch die Freunde seines Nachbarclubs Bad Kreuznach-Nahetal begeistern konnte. Es bildete sich ein Arbeitskreis, der sich noch über die beiden Clubs erweiterte. Das Ergebnis der Recherchen ist diese Schrift. Wir überreichen sie unseren Freunden am Tage des internationalen Dreiertreffens der Rotary Clubs Brie Comte Robert in Frankreich, Cannock in Großbritannien und Bad Kreuznach-Nahetal – auf der Burg Reichenstein, oberhalb von Trechtingshausen am Rhein, dem Herrensitz der Familie Puricelli.

Dr. Klaus Freckmann,
Präsident des Rotary Clubs Bad Kreuznach-Nahetal
Dr. Helmut Roos, Präsident des Rotary Clubs Bad Kreuznach
Burg Reichenstein, 24. Mai 1997

The tasks of Rotary are not only of a social character but also of a cultural engagement, either to promote the artists' education or to refer to subjects being of interest for the history of civilization. Therefore it is necessary to promote such studies and contributions which remind of important chapters of regional history but which, in general, are not well known. There are above all the achievements of the Puricelli family in the economic, social, and cultural field. At the end of the 18th century the Puricelli family came from Upper Italy and settled in Meisenheim; they were related to the Utsch family at the Rheinböller Hütte (iron and steel works of Rheinböllen) and soon the Puricellis belonged to the leading economic class of the region "Mittelrhein-Nahe-Hunsrück". It is true, there are some contributions on this industrial family being backed up by historical and economic research activities. But it was necessary to investigate this whole subject once again because of new historical facts being unkown up to now. Professor Dr. Reiner Dreher, President of The Rotarian Club of Bad Kreuznach in 1995/96, was very engaged in this matter and he also transferred his enthusiasm to our neighbour club of Bad Kreuznach-Nahetal. He set up a working group which enlarged beyond the borders of our club. The result of these investigations is this work. We present it to our friends, to our three Rotarian clubs, the club Brie Comte Robert of France, the club Cannock of Great Britain, and the club of Bad Kreuznach-Nahetal on the occasion of our international meeting at the castle Reichenstein above Trechtingshausen/Rhine, the Manor House of the Puricellis.

Rotary ne connaît pas seulement des devoirs sociaux, mais aussi l'engagement culturel, soit un soutien d'une éducation d'artiste soit un thème qui se rapporte à l'histoire de la civilisation. C'est ainsi que l'on encourage des recherches et des études en souvenir des événements importants qui sont quand même presque oubliés. Ce sont par exemple les éminentes contributions de la famille Puricelli dans les domaines économiques, sociaux et culturels. Jadis immigrée de la Haute-Italie à Meisenheim et à la fin du dixhuitième siècle parente avec les Utsch, propriétaires de la grande fonderie 'Rheinböller Hütte' près Bingen sur le Rhin, cette famille appartenait bientôt du petit groupe d'entrepreneurs importants dans la région du Rhin, du Hunsrück et de la Nahe. Ils existent déjà quelques essais qui s'occupent des activités de ces industriels au sens de l'histoire économique et sociale mais nous voulions ranimer tout ce complexe parce que presque oublié. En outre on a trouvé de nouveaux matériaux historiques. Grâce á Mr. le Prof. Dr. Reiner Dreher, Président du Rotary Club Bad Kreuznach en 1995/96, un cercle se constituait, également avec les amis du Rotary Club Bad Kreuznach-Nahetal, dans le but d'examiner de près des aspects moins connus du rôle extraordinaire de la famille Puricelli. Voilâ le résultat de notre travail. Nous présentons ce petit livre á la soirée du Meeting International tripartite avec les Rotary Clubs Brie Comte Robert en France, Cannock en Angleterre et Bad Kreuznach-Nahetal. Le lieu de cette fête est le château Reichenstein, près de Trechtingshausen sur le Rhin – l'ancien site de la famille Puricelli.

Constantin Graf v. Plettenberg

Die Puricelli in ihrem Wirken und in ihrer Verbreitung – ein einführender Überblick

Beschäftigt man sich mit der Bedeutung der Industriellenfamilie Puricelli, so läßt sich diese in wirtschafts-, kultur- und sozialhistorisch relevante Bereiche unterteilen. Im vorliegenden Band werden nach Klärung der Herkunft (vgl. die Beiträge von R. Held ab S. 39 und von Graf Plettenberg ab S. 48) zunächst die unternehmerischen Leistungen der Puricelli analysiert (vgl. Tab. 1, Karte 1). Rasterhaft wird die Entwicklung der Rheinböller Eisenwerke dargestellt, die sich bereits ab ca. 1740 in der Hand Engelbert Utschs – dem Großvater des ersten Rheinböller Puricelli – befanden. Es wird ein Zeitraum von ca. 160 Jahren bis zum Verkauf 1962, der im Zuge des (anhaltenden) Konzentrationsprozesses in der deutschen Metall- und Eisenindustrie notwendig wurde, beleuchtet. Wirtschaftshistorisch ist besonders der Aspekt der langen Kontinuität in Familienbesitz von Interesse. Waren bereits 1875 die Hunsrücker Konkurrenzunternehmen aus strukturellen Gründen zur Aufgabe gezwungen, erlebte Rheinböllen – trotz des Aufblühens der Schwerindustrie an Saar und Ruhr – durch die innovative Diversifikation in die Leuchtgasindustrie ab 1850 einen zweiten Wachstumsschub. Die ab 1875 erfolgende (Zwangs-) Kommunalisierung der rheinischen Gaswerkbeteiligungen führte zum Erwerb ausgedehnter Ländereien (vgl. Karte 2). Die damals gelegten stillen Reserven und das Traditionsempfinden der Inhaber bedingten wohl – neben der Weiterentwicklung der angestammten Kerngeschäftstätigkeit (zu den Produkten der Rheinböller Hütte vgl. den Beitrag von F. Schellack ab S. 142) – die lange Verweildauer des Unternehmens in Puricelli'schem Besitz und damit die Erhaltung des Standortes in einem damals wie heute wirtschaftlich schwierigen Gebiet. Kulturhistorisch ist ein steiler gesellschaftlicher Aufstieg der Hütteninhaber zu konstatieren. Erschien in den Verträgen des späten 18. Jahrhunderts Engelbert Utsch noch als "Eisenhüttenbeständer", so nannten sich seine Nachfolger bereits Hüttenherren, Rittergutsund ab ca. 1900 sogar Großgrundbesitzer. Die Voraussetzungen für eine gesellschaftliche Emanzipation oder Gleichheit mit dem Adel als der damals führenden Schicht waren somit gegeben. Das Einheiraten in alte Adelsfamilien und die zumindest teilweise Adaption ihres Lebensstiles dokumentieren dies. Als Charakteristika dessen müssen in diesem Zusammenhang auch das Bau- und Wohnverhalten der Puricelli gesehen werden (vgl. Tab. 2). Ab ca. 1870 werden Stadthäuser erworben. Spätestens die 5. Generation (vgl. Stammtafel S. 16) wird die vorhandenen Landhäuser zu schloßartigen Architekturen mit modernsten Wirtschaftshöfen vergrößern (vgl. Karte 3 bzw. den Beitrag von R. v. Diepenbroick ab S. 122). Stellte sich diese Gelegenheit für die auf der Rheinböller Hütte verbliebene Linie Kirsch-Puricelli nicht dar, so half man sich mit dem Erwerb der Burg Reichenstein am Rhein (vgl. den Beitrag von K. Freckmann ab

12

S. 108; zur dortigen Modeln-Sammlung vgl. den Beitrag ab S. 136), um sich in landschaftlich exponierter Lage ein herrschaftliches Wohnen und Repräsentieren zu ermöglichen.

Die Puricelli gehörten also um die Jahrhundertwende zu den führenden Familien der preußischen Rheinprovinz: breite wirtschaftliche Basis, teilweise hohe politische Ämter, adäquate Villen- und Schloßbauten mit eigenen Jagdgründen sowie ein bedeutendes Stiftungswesen, das im östlichen Hunsrück bereits durch die Vorgänger und Vorfahren Utsch um die Wende vom 18. zum 19 Jahrhundert begründet worden war (vgl. Tab. 3). Konkrete Aktivitäten innerhalb der Puricelli lassen sich ab ca. 1850 feststellen (vgl. den Beitrag von Graf Plettenberg ab S. 53). Suchten anfangs besonders die Frauen der Inhaber Antworten auf die sozialen Probleme der Zeit, so initiierten die Hüttenherren auch selber für die Arbeiterschaft (Knappschaftsverein von 1851) und für deren soziales Umfeld (1893 bzw. 1905) große karikative Einrichtungen (vgl. Tab. 3). Als Höhepunkt des Puricelli'schen Sozialengagements ist wohl das St. Franziska-Krankenhaus in Kreuznach von 1910 einzuordnen (vgl. den Beitrag von H. Rüddel ab S. 96). Die Puricelli unterstützten nicht nur die kirchlichen Orden, die mit der Leitung ihrer Anstalten betraut waren. Vielmehr waren ihnen auch künstlerisch anspruchsvolle Ausstattungen ihrer landschaftprägenden Sozial- und Kirchenbauten ein elementares Anliegen. Als schönstes Beispiel hierfür gilt das Puricelli'sche Waisenhaus in Rheinböllen (zur dortigen Neugotik und der Trierer Kirchenkunststiftungen vgl. den Beitrag von F. Ronig ab S. 66). Der Band schließt mit der volkskundlichen Fragestellung, welche Überlieferungen und Erinnerungen heute noch an die Eisenhüttenbesitzerfamilie (Kirsch-) Puricelli in Rheinböllen und Umgebung existieren (vgl. den Beitrag von F. Schellack ab S. 152).

Burg Reichenstein, Johann Engelbert Utsch (1692-1749). Gemälde von A. Sadeler, 1748

Burg Reichenstein, Agnes El. Utsch-Capallo (1715-1779). Gemälde von A. Sadeler, 1748

Burg Reichenstein, Friedrich Wilhelm Utsch (1732-1795). Gemälde Olga Kirsch-Puricelli vor 1913, nach dem Original von A. Sadeler, 1748

Burg Reichenstein, Margaretha Puricelli geb. Utsch (1766-1860). Gemälde Olga Kirsch-Puricelli 1900/1905 nach zeitgen. Darstellung (whrs. Miniatur)

13

Burg Reichenstein, Carl I. Puricelli (1766-1805). Gemälde Olga Kirsch-Puricelli 1900/1905 nach einer zeitgen. Darstellung (whrs. Miniatur)

Burg Reichenstein, Friedrich Puricelli (1792-1880). Portrait Olga Kirsch-Puricelli 1918, nach Photographie von 1875

Burg Reichenstein, Christine Puricelli, geb. Feyen (1803-1882). Portrait Olga Kirsch-Puricelli 1916, nach Photographie von 1870

Burg Reichenstein, Hermann Puricelli (1822-1897). Portrait Olga Kirsch-Puricelli 1920, nach einer Miniatur um 1845

Burg Reichenstein, Elisabeth Piecq (1833-1898). Gemälde Olga Kirsch-Puricelli 1919, nach dem Original von Jos. Leiendecker, 1851

Burg Reichenstein, Elisabeth Puricelli, geb. Piecq (1833-1898). (Whrs.) Portrait des Tyroler Malers Alois Delug von 1892

Burg Reichenstein, Dr. Paul Puricelli (1862-1893). Gemälde Olga Kirsch-Puricelli 1905/10, nach dem Original von Alois Delug um 1890

Burg Reichenstein, Olga Kirsch-Puricelli (1857-1935). Gemälde von Maria Gräfin Matuschka, 1937. Nach einem Portrait des Binger Photographen Jacob Hilsdorf um 1900

14

Burg Reichenstein, Dr. Nikolaus Kirsch-Puricelli (1866-1936). Gemälde von Maria Gräfin Matuschka, 1937. Nach einem Portrait des Berliner Hofphotographen E. Bieber 1925

Burg Reichenstein: Dr. Paul Kirsch-Puricelli (1896-1974). Ölportrait von Maria Gräfin Matuschka, 1936

Burg Reichenstein: Clara Kirsch-Puricelli, geb. Gräfin Matuschka-Greiffenclau (1902-1993) (l. u. signiert(?) und datiert 1937)

Burg Reichenstein: Dr. Paul Baron Kirsch-Puricelli (1896-1974). R. u. signiert und datiert: "Curtius Schulten 1966"

Burg Reichenstein, Familie Kirsch-Puricelli, Gruppenportrait (Öl) von Olga Kirsch-Puricelli 1922

Rheinböller Hütte: Puricelli'sche Gruftkapelle. Postkarte von 1930.

15

Stammtafel "Puricelli" (Linie: Meisenheim/Rheinböller Hütte/Hunsrück)

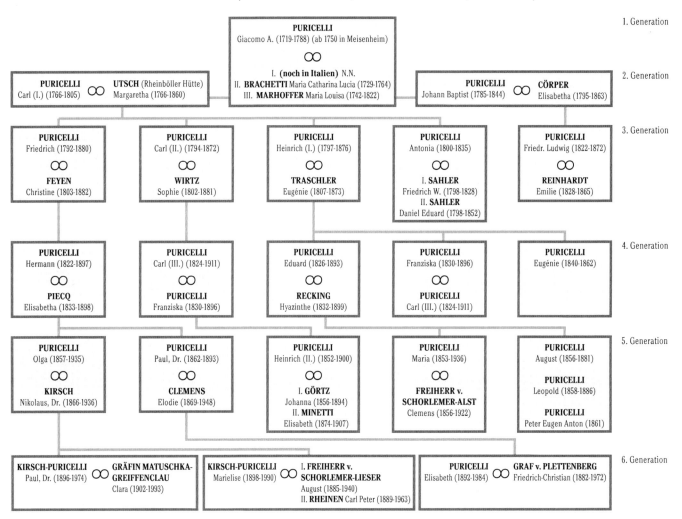

1. Generation

PURICELLI
Giacomo A. (1719-1788) (ab 1750 in Meisenheim)
∞
I. (noch in Italien) N.N.
II. **BRACHETTI** Maria Catharina Lucia (1729-1764)
III. **MARHOFFER** Maria Louisa (1742-1822)

2. Generation

PURICELLI
Carl (I.) (1766-1805) ∞ UTSCH (Rheinböller Hütte)
Margaretha (1766-1860)

PURICELLI
Johann Baptist (1785-1844) ∞ CÖRPER
Elisabetha (1795-1863)

3. Generation

PURICELLI
Friedrich (1792-1880)
∞
FEYEN
Christine (1803-1882)

PURICELLI
Carl (II.) (1794-1872)
∞
WIRTZ
Sophie (1802-1881)

PURICELLI
Heinrich (I.) (1797-1876)
∞
TRASCHLER
Eugénie (1807-1873)

PURICELLI
Antonia (1800-1835)
∞
I. SAHLER
Friedrich W. (1798-1828)
II. SAHLER
Daniel Eduard (1798-1852)

PURICELLI
Friedr. Ludwig (1822-1872)
∞
REINHARDT
Emilie (1828-1865)

4. Generation

PURICELLI
Hermann (1822-1897)
∞
PIECQ
Elisabetha (1833-1898)

PURICELLI
Carl (III.) (1824-1911)
∞
PURICELLI
Franziska (1830-1896)

PURICELLI
Eduard (1826-1893)
∞
RECKING
Hyazinthe (1832-1899)

PURICELLI
Franziska (1830-1896)
∞
PURICELLI
Carl (III.) (1824-1911)

PURICELLI
Eugénie (1840-1862)

5. Generation

PURICELLI
Olga (1857-1935)
∞
KIRSCH
Nikolaus, Dr. (1866-1936)

PURICELLI
Paul, Dr. (1862-1893)
∞
CLEMENS
Elodie (1869-1948)

PURICELLI
Heinrich (II.) (1852-1900)
∞
I. GÖRTZ
Johanna (1856-1894)
II. MINETTI
Elisabeth (1874-1907)

PURICELLI
Maria (1853-1936)
∞
FREIHERR v.
SCHORLEMER-ALST
Clemens (1856-1922)

PURICELLI
August (1856-1881)

PURICELLI
Leopold (1858-1886)

PURICELLI
Peter Eugen Anton (1861)

6. Generation

KIRSCH-PURICELLI
Paul, Dr. (1896-1974) ∞ GRÄFIN MATUSCHKA-
GREIFFENCLAU
Clara (1902-1993)

KIRSCH-PURICELLI
Marielise (1898-1990) ∞ I. FREIHERR v.
SCHORLEMER-LIESER
August (1885-1940)
II. RHEINEN Carl Peter (1889-1963)

PURICELLI
Elisabeth (1892-1984) ∞ GRAF v. PLETTENBERG
Friedrich-Christian (1882-1972)

16

Tabelle 1: Industrielle Aktivitäten der Unternehmerfamilie Puricelli 1791-1962

Handelnde Personen	Aktivitäten	Zweck	Zeitraum	Standort
Carl (I.) Puricelli heiratet 1791 in die Eisenhütten-besitzerfamilie der Utsch ein	"Hüttenherr" und "Ingenieur"	Unternehmensfortführung	1791-1805	Rheinböller Hütte / Soonwald
Carl (I.) Puricelli +1805; Margerethe Puricelli-Utsch, Carl Th. Utsch	Unternehmens- und Betriebs-führung	Aufrechterhaltung der Produkti-on von Öfen und Takenplatten	1805-1836	Rheinböller Hütte
Friedrich Puricelli Heinrich (I.) Puricelli	Technische u. kaufmännische Leitung ⇒ Anlage der "Neuhütte" und Errichtung weiterer Fabrikgebäude auf dem heuti-gen südlichen Werksareal	Unternehmensexpansion	ab ca. 1830/35	Rheinböller Hütte
Gebrüder Puricelli	Erwerb von Waldungen	Deckung des steigenden Ener-giebedarfs (Holz, Holzkohle) beim Verhüttungsprozeß	1838	Oberstein / Nahe
Gebrüder Puricelli	3 Hochöfen, 3 Cupolöfen und 2 Pochwerke in Betrieb	Ausbau der Produktionskapazi-täten mit permanenten Anpas-sungen an die fortschreitende Hüttentechnik	1830-1865	Rheinböller Hütte
Heinrich (I.), Eduard und Carl (III.) Puricelli	Errichtung von Fabriken zur Leuchtgasproduktion für 9 rheinische Städte	Diversifikation und Schaffung von Absatzkanälen für die eigenen Eisengußwaren	ab 1852	Krefeld, Trier etc.

Handelnde Personen	Aktivitäten	Zweck	Zeitraum	Standort
Gebrüder Puricelli	Gründung eines Knappschaftsvereins	Soziale Absicherung der Arbeiterschaft	1851	Rheinböller Hütte / Soonwald
Friedrich, Carl (II.), Heinrich (I.) und Eduard Puricelli	Beteiligung an der Hüttenbetriebsgesellschaft "Barbe père et fils & Cie."	Verbreiterung der Rohstoffbasis zur Eisengewinnung	1865-1879	Nancy (Lothringen)
Gebrüder Puricelli	Verkauf der Gaswerkbeteiligungen	(Zwangs-) Kommunalisierung und Desinvestition	1875-1900	vgl. Karte 1
Hermann Puricelli	Erwerb landwirtschaftlicher Güter	langfristige Kapitalsicherung und Diversifikation	1870-1895	Rheinhessen, Pfalz und Bayern
Franziska Puricelli	Beteiligung an der "Actienbrauerei Bingen"	langfristige Kapitalsicherung und Diversifikation	1877	Bingen
Gebrüder Puricelli	Erwerb des Wilhelm-Erbstollens (Schiefergruben)	Eigenbedarfsdeckung (z. B. Hüttengebäude) und Diversifikation	1870	Kaub / Rhein
Carl (III.) Puricelli	Beteiligung am Bankhaus "Viktor Sahler & Co."	langfristige Kapitalsicherung und Diversifikation	ca. 1880/90	Bad Kreuznach
Dr. Paul Puricelli	Einrichtung eines Hüttenlaboratoriums	Erforschung neuer Methoden zur Behandlung von Gußeisen	ca. 1885/90	Rheinboller Hütte
Dr. Nikolaus Kirsch-Puricelli	Erwerb der Stromberger Neuhütte	Spezialisierung, bzw. Konzentration im Produktionsprozeß; Nutzung von Synergien im Vetrieb	1912	Stromberg / Soonwald

Handelnde Personen	Aktivitäten	Zweck	Zeitraum	Standort
Dr. Nikolaus Kirsch-Puricelli	Beteiligung an der "Eisengießerei und Herdfabrik Hélios A. G."	Stärkung der Kern-geschäftstätigkeit	ca. 1920/30	Lintgen (Luxemburg)
Dr. Nikolaus Kirsch-Puricelli	Stillegung der Stromberger Neu-hütte und Abbruch der Werks-gebäude	Rentabilität	1932-1934	Stromberg / Soonwald
Dr. Paul Kirsch-Purice	isierung der	Ersatz- und Erneu-erungsinvestition zur Rentabilitätssteigerung	1950-1954	Rheinböller Hütte / Soonwald
Dr. Paul Kirsch-Purice	die Firma Meier	Rentabilität	1954-1959	Rheinböller Hütte
Dr. Paul Kirsch-Purice	äude und Be- ke an die Fa. lmi, die 1965 die "Alfred Teves urt (heute: "ITT eiter veräußerte.	Rentabilität	1962	Rheinböller Hütte

Literatur:
Schmitt, R.: Gesch ütte, Köln 1961 (Schriften zur rheinisch-westfälischen Wirtschafts-geschichte, Bd. 6)
Petermann, H.: Die ndel der Zeit, in: Ortsgemeinde Rheinböllen (Hrsg.): Rheinböllen, wie es früher war; Argenthal 1993, S.79

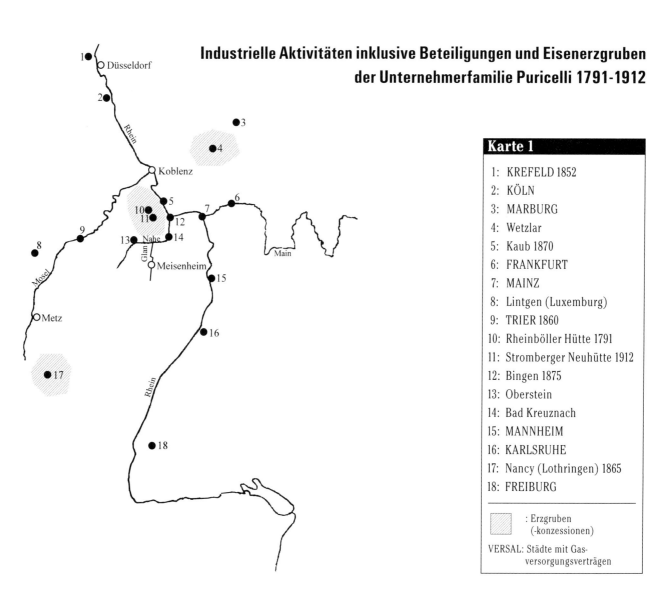

Industrielle Aktivitäten inklusive Beteiligungen und Eisenerzgruben der Unternehmerfamilie Puricelli 1791-1912

Karte 1

1: KREFELD 1852
2: KÖLN
3: MARBURG
4: Wetzlar
5: Kaub 1870
6: FRANKFURT
7: MAINZ
8: Lintgen (Luxemburg)
9: TRIER 1860
10: Rheinböller Hütte 1791
11: Stromberger Neuhütte 1912
12: Bingen 1875
13: Oberstein
14: Bad Kreuznach
15: MANNHEIM
16: KARLSRUHE
17: Nancy (Lothringen) 1865
18: FREIBURG

 : Erzgruben (-konzessionen)

VERSAL: Städte mit Gas-versorgungsverträgen

Land-, Forst- und Weingüter der Familie Puricelli: Erwerbungen 1815-1905

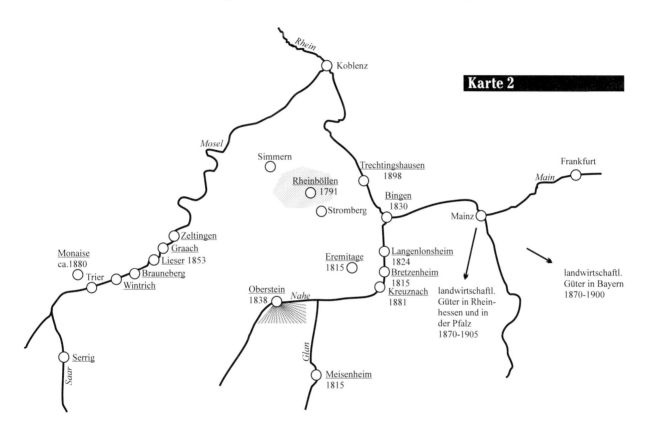

Koblenz

Karte 2

Rhein

Mosel

Simmern

Trechtingshausen
1898

Frankfurt

Main

Rheinböllen
○ 1791

Bingen
1830

○Stromberg

Mainz

Zeltingen
Graach
Lieser 1853

Eremitage
1815 ○

Langenlonsheim
1824

landwirtschaftl.
Güter in Bayern
1870-1900

Monaise
ca.1880

Bretzenheim
1815

Trier

Brauneberg

Oberstein
1838

Nahe

Kreuznach
1881

landwirtschaftl.
Güter in Rhein-
hessen und in
der Pfalz
1870-1905

Wintrich

Glan

Saar

Serrig

Meisenheim
1815

 : Hüttenwälder der
Rheinböller Eisenwerke

Literatur:

Gemeinde Lieser (Hrsg.): Chronik Weindorf Lieser, Lieser 1988, S. 458 ff
Schmitt, F.: Ortsgeschichte Langenlonsheim, Wiesbaden 1991, S. 122, 212, 221 f.
Schmitt, R.: Geschichte der Rheinböllerhütte, Köln 1961 (Schriften zur rheinisch-
-westfälischen Wirtschaftsgeschichte, Bd. 6) S. 58

Rheinböller Eisenwerke: Ansicht des südlichen Hüttenareals mit der um 1835 angelegten „Neuhütte". Links die von Carl Th. Utsch 1849 erbaute "Carlsburg", teils Jagdrefugium, teils Ausdruck von Sehnsucht nach Burgenromantik; diese sollten sich die Nachfahren Kirsch-Puricelli 50 Jahre später in etwas größerem Maßstab erfüllen (Burg Reichenstein a. Rhein). - Photomontage um 1870.

Rheinböller Hütte: Bau der neuen Giesserei. Photo um 1952.

Rheinböller Hütte: Giesserei, links Gußstücke, rechts Gußformen. Photo um 1958.

Stromberger Neuhütte: Ansicht der Werksanlagen vor dem Abbruch im Jahre 1934 (vgl. den „Nachruf" in der Rhein-Nahe-Zeitung vom 6.1.1934).

Fa. Hans Hilsdorf, Bingen: Trockenklebepresse zum Aufziehen von Photographien. Das gusseiserne Gestell und die obere Pressplatte wurden nach Zeichnungen des Kunden in der Rheinböller Hütte angefertigt. - Photo von H. Hilsdorf um 1920.

23

Kaub (Mittelrhein), Wilhelm-Erb-stollen (1992): Im Vordergrund die in den 30er Jahren errichtete neue Schiefermahlmühle mit Lagerka-pazitäten. Links davon Turm der mittelalterlichen Stadtbefestigung, der Teil des Betriebsgeländes war und unter dem die fertigen Schiefer-platten mit Loren zum Sammel- und Verladeplatz transportiert wurden. Frdl. Hinweise von Herrn Dr. Will Kimpel, Kaub, 1992.

Kaub (Mittelrhein), Wilhelm-Erb-stollen (1992): ehem. Betriebsge-bäude. Im ersten Stock war die Schiefermahlmühle untergebracht. Darüber befand sich die Schiefer-spalterei (die erhaltenen gußeiser-nen Säulen aus Produktion Rhein-böller Hütte). Das Fachwerkge-schoß war Wohnungen vorbehalten.

24

Vertrag

zwischen der

Stadt Trier und Herrn Puricelli

(wie er jetzt abgeschlossen ist).

———————— ✠ ————————

Verhandelt zu Trier, den 31. August 1865.

Vor Johann Leonhard Wenzeslaus Schily, Königl. Notar im Amtswohnsitze zu Trier in Beisein der nachbenannten Zeugen erschienen:

1. Herr Carl Schoemann, Stadtrath und Beigeordneter der Stadt Trier daselbst wohnhaft, in seiner Eigenschaft als Vertreter der Stadt Trier, Namens ihres Bürgermeisters des Herrn Carl de Nys daselbst wohnhaft, einerseits und

2. Herr Eduard Puricelli, Kaufmann und Besitzer des Gaswerkes zu Trier wohnhaft andererseits, welche erklärten:

Zufolge Ermächtigung der Stadtverordneten-Versammlung vom neunzehnten resp. neun und zwanzigsten Juli l. J. wäre zwischen der Stadt Trier und dem Comparenten Puricelli ein Vertrag geschlossen worden, dem folgendes Sachverhältniß zu Grunde liegt, und um dessen Beurkundung sie Comparenten den Notar ersuchten, nachdem die Königl. Regierung zu Trier mittelst Verfügung vom 14. d. Mts. jenem Vertrage die Genehmigung ertheilt hatte.

Am 29. September 1843 hat nämlich Joseph Lintz, handelnd unter der Firma Lintz & Comp., mit der Stadt Trier einen am 23. December desselben Jahres von der Königl. Regierung genehmigten Vertrag abgeschlossen, durch welchen Joseph Lintz die Herstellung der Beleuchtung der Straßen und Plätze der Stadt mittelst Kohlengases und die Lieferung desselben an die Privaten für die Dauer von 25 Jahren übernahm.

Das von Joseph Lintz errichtete Gaswerk ist später an den Kaufmann Franz Jonas, sodann an das Bankhaus Wagner & Schoemann und von diesem an Herrn Eduard Puricelli eigenthümlich übergegangen, so daß gegenwärtig der Letze Nachfolger in den Rechten und Pflichten des Unternehmers aus dem Vertrag vom 29. September 1843 und den spätern zwischen der Stadt und den Inhabern des Gaswerkes abgeschlossenen Verträgen ist. — Im Art. 12 des Vertrages vom 29. September 1843 ist der Stadt Trier das Recht stipulirt, nach Ablauf der 25 Jahre das Gaswerk gegen einen durch Sachverständige zu bestimmenden Preis zu erwirken.

Um die Unzuträglichkeiten zu vermeiden, welche aus der Beibehaltung des jetzigen Vertragsverhältnisses und des gegenwärtig bestehenden Preises für die Privatconsumenten erwachsen, und den Schwierigkeiten vorzubeugen, zu welchen die Ausübung des Ankaufsrechtes der Stadt bei Ablauf des Vertrags Anlaß geben könnte, haben die Contrahenten beschlossen, an Stelle des bisher bestandenen und bis zum 30. Juni lauf. Jahres maaßgebenden Sachverhältnisses folgenden Vertrag treten zu lassen:

Tabelle 2: Schloß- und Wohnbauaktivitäten der Familie Puricelli 1820-1914

Auftraggeber	Architekt(en)	Typisierung	Zeitraum	Standort
Joh. Baptist Puricelli	Phil. Maurer (?), Meisenheim	Stadthaus	1823/24	Meisenheim / Glan
Carl (II.) Puricelli	N.N.	Stadthaus	ca. 1830	Bingen
Carl (III.) Puricelli	Ludwig W. Goebel, Bingen	Umbauten (Palais am Speisemarkt)	1906/08	Bingen
Margarethe Puricelli	N.N.	Landvilla	ca. 1820/30	Bretzenheim / Nahe
Carl (III.) Puricelli	Theodor Brofft, Frankfurt a. M.	Vergrößerung der Villa	1877/78	Bretzenheim / Nahe
Carl (III.) Puricelli	Ludwig W. Goebel, Bingen	Jagdschlößchen	ca. 1895	Bretzenheim / Nahe (Eremitage)
Heinrich (II.) Puricelli	Schaffner & Locher, Mainz	Schloßanbau (Rittergut Bangert)	1897/98	Bad Kreuznach
Eduard Puricelli	Julius Raschdorff, Berlin	Stadthaus	1875	Trier (nicht realisiert)
Eduard Puricelli	H. Th. Schmidt, Frankfurt a. M.	Schloßartige Landvilla	1884-1887	Lieser / Mosel
Freifrau Clemens v. Schorlemer-Lieser, geb. Puricelli	H. Th. Schmidt (?), Frankfurt	An- und Erweiterungsbau	1895 bzw. 1905	Lieser / Mosel
Eduard Puricelli, bzw. Freifrau Clemens v. Schorlemer-Lieser, geb. Puricelli	N.N.	Jagdschlößchen	ca. 1890	Oberstein / Nahe

Auftraggeber	Architekt(en)	Typisierung	Zeitraum	Standort
Elodie Puricelli	Gabriel v. Seidl, München	Stadthaus	1905/06	Düsseldorf
Elodie Puricelli	Carl Bauer (?)	Anbauten an Sommersitz	1913/14	Gondorf / Mosel
Heinrich (I.) Puricelli	N.N.	Villa, Marstall	ca. 1835	Rheinböllerhütte
Carl (III.) Puricelli	Theodor Brofft (?), Frankfurt a. M.	Villa Palmen- und Gewächshaus	1850/70	Rheinböllerhütte
Hermann Puricelli	Theodor Brofft, Frankfurt a. M.	Anbauten an Villa Carl Th. Utsch	1862-64	Rheinböllerhütte
Olga und Nikolaus Kirsch-Puricelli	Georg Strebel, Anton Heuring (beide Regensburg)	Burgausbau, Vorwerke und Außenanlagen (Burg Reichenstein)	1899-1912	Trechtingshausen / Rhein

Literatur:

1. Zu den Bauten in Bingen, Bretzenheim und Rheinböllen vgl. Plettenberg, C. Graf v.: Die Familie Puricelli als Auftraggeber der Binger Photographen Johann Baptist und Jacob Hilsdorf, und ders.: Das Palais Puricelli oder das sogenannte Empire-Haus am Speisemarkt in Bingen, beide in: Binger Geschichtsblätter Nr. 19, Bingen 1996, S. 27, 33 und 71 ff.
2. Zu Düsseldorf vgl. Deutsche Bank AG (Hrsg.): Königsallee 49/51 - Zwei Häuser, ein Stück Düsseldorfer Geschichte, Düsseldorf 1981.
3. Zu Bad Kreuznach vgl. den Beitrag von Frau Ricarda v. Diepenbroick in diesem Band.
4. Zu Lieser vgl. a) Losse, M.: Familienhaus Puricelli – Das Schloß in Lieser an der Mosel, in: Burgen und Schlössern, Heft 2 (1993) - Zeitschrift der Deutschen Burgenvereinigung e.V., Braubach 1993 und b) Freckmann K.: Das "Familienhaus des Herrn Eduard Puricelli zu Lieser a. d. Mosel", in: Zweckverband Weserrenaissance - Museum Schloß Brake (Hrsg.), Renaissance der Renaissance - ein bürgerlicher Kunststil im 19. Jahrhundert, München/Berlin 1995, Bd. 8, S. 106 ff.
5. Zu Meisenheim vgl. Lurz, M.: Meisenheim. Architektur und Stadtentwicklung, Horb am Neckar 1987, S. 253.
6. Zu Trechtinghausen (Burg Reichenstein) vgl. den Beitrag von Herrn Dr. Klaus Freckmann in diesem Band.
7. Zu Trier vgl. Freckmann, K.: Julius Carl Raschdorffs Bauten an der Mosel, in: Zweckverband Weserrenaissance - Museum Schloß Brake (Hrsg.), Renaissance der Renaissance - ein bürgerlicher Kunststil im 19. Jahrhundert, München/Berlin 1992, Bd. 6, S. 385 f. - Für Hinweise zu den Trierer Anwesen (Simeonstr. 51 und 52), die von den Puricelli (ohne nennswerte eigene Bauaktivitäten) erworben wurden, danke ich den Herren Simon und Dr. Nolden vom Stadtarchiv Trier (Briefwechsel/Tel. mit Verfasser März u. April 1997)

Schloß- und Wohnbauten im Besitz der Familie Puricelli 1791-1914

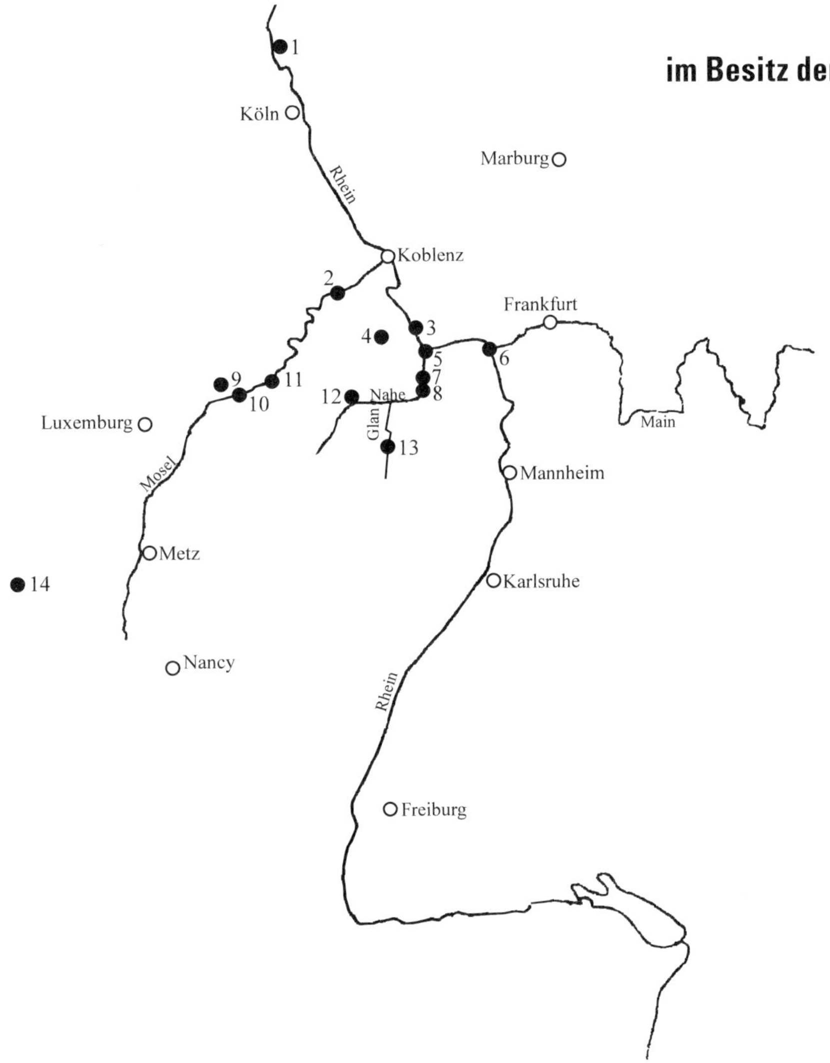
1
Köln
Rhein
Marburg
Koblenz
2
3
4
Frankfurt
5
6
7
8
9
11
10
12
Nahe
Glan
13
Luxemburg
Mosel
Main
Mannheim
Metz
14
Karlsruhe
Nancy
Rhein
Freiburg

Karte 3

1: Düsseldorf 1904/1905
2: Gondorf 1900/1913
3: Trechtingshausen 1898/1899
4: Rheinböller Hütte 1791; 1791/1835; 1791/1850/1870; 1791/1862
5: Bingen 1825/1830; 1906/1908
6: Mainz ca. 1880
7: Bretzenheim 1815/1820/1877
8: Bad Kreuznach 1881/1897
9: Schloß Monaise ca.1880
10: Trier 1870
11: Lieser 1853/1884/1895 bzw. 1905
12: Oberstein 1838/1890
13: Meisenheim 1820/1823
14: Paris ca.1875

Ort mit einer Jahreszahl: Kauf von Haus oder Schloß ohne nennenswerte Bauaktivitäten. Bei allen anderen Orten stehen links das Jahr der Erwerbung und daneben die Daten von Baumaßnahmen.

Lieser/Mosel: Haus Puricelli, Holzschnitt von 1889. Reproduktion aus: Deutsche Bauzeitung, 23/1889, Nr. 36, S. 209 f.

Bingen, Mainzer Straße: Haus Carl (II.) Puricelli. Der ca. 1830/35 errichtete Bau wurde 1977 bei der Umwandlung des Puricelli'schen Blindenheims in ein Alten- und Pflegeheim abgerissen. Photo von 1913.

Trier: Haus Puricelli. Entwurf Julius Carl Raschdorff (Arch. Skizzenbuch, Jahrg. 1875, Heft VI).

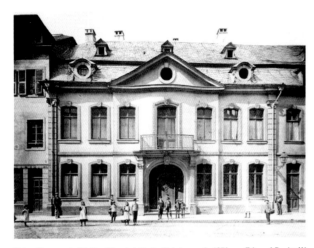

Trier, Simeonstr. 51: Das klassizistische Palais wurde 1870 von Eduard Puricelli erworben. 1874 kam das Nachbarhaus Nr. 52 hinzu, so daß man sich offenbar entschloß, den bereits konzipierten Raschdorff-Bau von 1873/74 nicht auszuführen. - Photo um 1900 (Sammlung Deuser), wiedergegeben mit frdl. Genehmigung des Stadtarchivs Trier vom 19. März 1997.

Bretzenheim/Nahe: Villa Carl (III.) Puricelli. Bau des Frankfurter Architekten Th. Brofft 1877/78. - Photo von J. B. Hilsdorf, Bingen, um 1885.

Düsseldorf, Königsallee 49: Villa Puricelli. Bau von Gabriel v. Seidl 1905/06. Postkarte um 1910.

Eremitage bei Bretzenheim/Nahe: Hofgut Carl (III.) Puricelli mit Jagdschlößchen. Errichtet um 1895 von Ludwig W. Goebel aus Bingen. Gesamtsituation 1993.

31

Mainz, Weihergarten 10: Stadthaus der Familie Hermann Puricelli (rechte Bildhälfte).

Tabelle 3: Stiftungs- und Anstaltsbauten der Familie Puricelli 1862-1950

Stifter(in)	Architekt(en)	Typisierung	Zeitraum	Standort
Carl (III.) Puricelli	Georg Strebel, Regensburg	Blindenheim mit Schule und Unterkünften für die Schwestern, Hauskapelle, Parkanlage und Wirtschaftsgärten	1904/05	Bingen
	Ludwig Goebel, Bingen	Palmen- und Gewächshaus	1907/08	Bingen
Franziska Puricelli	Gebr. Friedhofen, Koblenz-Lützel	(Frauen-) Krankenhaus mit Kapelle und Parkanlage	1908/10	Bad Kreuznach
Eugénie (II.) Puricelli	./., da bestehende Gebäude angekauft und umgebaut wurden	Waisenhaus, Kapelle, Unterkünfte für die Schwestern, Ökonomiegebäude und Wirtschaftsgärten	1862-1870	Rheinböllen
Franziska Puricelli	Heinrich Wiethase, Köln	Erneuerung und Vergrößerung der schwesterlichen Stiftung: Waisenhaus, Krankenhaus mit Kapelle, Unterkünfte für die Schwestern, Ökonomiegebäude und Wirtschaftsgarten	1884-1900	Rheinböllen
Eduard und Hyazinthe Puricelli	N.N.	Knabenwaisenhaus für das Bistum Trier: Gotisch/barocke Kirche des ehem. Kreuzherrenklosters, Wohn-, Schulungs-, Ausbildungs- und Ökonomiegebäude mit Wirtschaftsgärten, 150 ha Ackerfläche	1893-1898	Welschbillig bei Trier: Sogenanntes "Eduardstift" oder Helenenberg
Clara Baronin Kirsch-Puricelli	N.N.	Haushaltungsschule, Schwesternheim mit Kapelle	1949/50	Stromberger Neuhütte / Soonwald

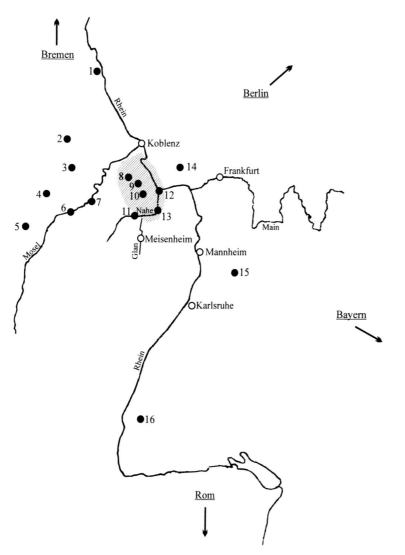

Stiftungen und Zuwendungen der Familie Puricelli 1850-1950

Bremen

1 ●

Berlin

Rhein

2 ●

○ Koblenz

3 ●

● 14

Frankfurt ○

8 ●
9 ●
10 ●
4 ●
● 12
6 ● 7 ●
11 ● Nahe ●
● 13

Main

5 ●

○ Meisenheim

Glan

○ Mannheim

Mosel

● 15

○ Karlsruhe

Bayern

Rhein

● 16

Rom

Karte 4

1: Köln
2: Maria Laach
3: Prüm
4: Welschbillig
5: Luxemburg
6: Trier
7: Lieser
8: Simmern
9: Rheinböllen
10: Stromberg
11: Kirn
12: Bingen
13: Bad Kreuznach
14: Kloster Marienthal
15: Sinsheim (Baden)
16: Freiburg

▨ : ca. 30 Pfarr- und Zivil-
gemeinden als Begünstigte

Literatur:

1. Zu Bingen: Kohl, J.: Das Karl-Puricelli'sche Blindenheim Sophienhaus in Bingen, in: Katholischer Kirchenkalender Bingen 1933, S. 22-24; Kirsch-Puricelli, P.: Die Puricelli'sche Stiftung in Berlin, in Heimatjahrbuch Landkreis Bingen 19678, S.63-67

2. Zu Bad Kreuznach vgl. den Beitrag von Prof. Rüddel in diesem Band; Denkmaltopographie Bundesrepublik Deutschland, Kulturdenkmäler in Rheinland-Pfalz, Band 5.1 (Stadt Bad Kreuznach), Düsseldorf 1987, S. 88 f.

3. Zu Rheinböllen: Kalb, J.: Die Stiftung Puricelli in Rheinböllen. Ein Beitrag zur Baugeschichte des 19. Jahrhunderts, zugleich ein Beispiel industriellen Mäzenatentums, in: Rheinische Heimatpflege, Nr.2/1973, S.89-99; Ronig, F.: Beitrag in diesem Band

4. Zu Welschbillig: Jugendheim Eduardstift Helenenberg (Hrsg.): 500 Jahre Helenenberg, Hospital-Kreuzherrenkloster-Eduardstift (Redaktion Lichter, E.), Trier 1988, S.68 ff; o.V.: Vom Waisenhaus zum Jugendzentrum, in: Trierischer Volksfreund Nr. 297 (21./22. Dezenber 1996)

Rheinböllen, Stiftung Puricelli: links das Waisenhaus (1884/85), rechts das Krankenhaus (1887/88) mit Kapelle (vollendet 1891). Zeitgenössische Photographie der Wiethase'schen Entwurfszeichnung, die überwiegend so ausgeführt wurde. – Die Anlage wird heute als Alten- und Pflegeheim genutzt.

Welschbillig bei Trier: ehem. Diozösanknabenwaisenhaus Eduardstift von 1898, heutiges Jugendhilfezentrum Helenenberg. Gesamtsituation 1990.

Bad Kreuznach: St. Franziska-Krankenhaus von 1910. Postkarte um 1925 nach dem Dachstuhlbrand von 1920.

Stromberger Neuhütte: links am Hang die Villa Wandesleben (später Kirsch-Puricelli), im Vordergrund Magazin- und Wohngebäude (18./19. Jhdt.); rechts das neobarocke Schlößchen dürfte aus der letzten Jahrhundertwende stammen, in dem Bau links davon war von 1950 bis 1957 die von Baronin Clara Kirsch-Puricelli initiierte St. Clara Haushaltungsschule untergebracht. - Photo von 1928.

Bingen: Carl (III.) Puricelli'sche Blindenheimstiftung von 1905 (beide Abbildungen). Photographien von Photo-Schäfer, Bingen, 1967.

Richard Held

Zur Geschichte der Familie Puricelli
in Meisenheim am Glan

Seit Beginn der schriftlichen – und damit glücklicherweise fast vollständig erhaltenen – Überlieferung im Stadtarchiv Meisenheims läßt sich eine stetige Zuwanderung von Bürgern aus aller Herren Länder in die Stadt urkundlich belegen.

Kaufleute, Handwerker, Soldaten und insbesondere auch Glaubensflüchtlinge blieben in Meisenheim hängen, wurden in die Bürgerschaft aufgenommen und gründeten neue Familien, die mehr oder weniger lange hier seßhaft waren und zum Teil heute noch sind. In manchen Jahren war die Einwanderung aus bestimmten Gegenden häufiger, was sich auf die politischen, religiösen oder kriegerischen Verhältnisse zurückführen läßt.

Innerhalb dieser Einwanderungsschübe läßt sich als gut faßbare Gruppe die sogenannten "Italiener" ausmachen. Sie stammten alle aus Dörfern und Städten rund um den Comer See und verloren auch während der langen Zeit in Meisenheim nicht das Bewußtsein ihrer Herkunft, pflegten vielmehr bewußt die Bindungen nach dort zu ihren Landsleuten und hielten sie über lange Zeiträume aufrecht.[1] Sie waren eine besondere Gruppe auch deshalb, weil sie katholisch waren.

Es sei mir gestattet, in diesem Zusammenhang kurz auf die religiöse Situation zur damaligen Zeit in Meisenheim einzugehen: Am 21.4.1520 immatrikulierte sich in Wittenberg der Meisenheimer Johanniter Nikolaus Faber aus Obermoschel. Derselbe kehrte

ca. 1523 nach Meisenheim zurück, reformatorisch gesinnt, aber – aufgrund seiner Herkunft verständlich – wohl bis an sein Lebensende noch katholisch geformt. Man kann davon ausgehen, daß dieser Nikolaus Faber nach dem Vorbild benachbarter Reformatoren, insbesondere von Johannes Schwebel in Zweibrücken, auch in Meisenheim eine "deutsche Messe" hielt, die sich jedoch durchaus noch in altkirchlichen Bahnen bewegte.

1527 wurde Nikolaus Faber als Pfarrer in Meisenheim eingesetzt, offensichtlich aufgrund des Verzichtes des damaligen Vorsitzenden der Johanniterkomturei Georg Messerschmidt.[2] Hieraus folgt, daß die Gemeinde der Schloßkirche in Meisenheim heute die älteste evangelische Kirchengemeinde der evangelischen Kirche im Rheinland ist. Als der Schweizer Reformator Huldreich Zwingli 1529 auf der Reise nach Marburg zu seinem berühmten Streitgespräch mit Martin Luther in der Stadt Meisenheim Station machte, fand er auf jeden Fall dort schon eine reformierte Gemeinde vor. Der Nachfolger des damaligen Pfalzgrafen Ludwig, der am 3.12.1532 verstorben ist, nämlich Herzog Wolfgang von Pfalz-Zweibrücken hob schließlich 1559 das bis dahin noch intakte und regeltreu lebende Kloster Disibodenberg bei Odernheim auf. Damit war der letzte Rest des katholischen Glaubens im Raume Meisenheim verschwunden. Zwei Glocken des Klosters Disibodenberg läuten übrigens noch heute vom Turm der Meisenheimer Schloßkirche. 1681 war Friedrich Ludwig, der letzte Zweibrücker Herzog aus der Landsberger Linie, verstorben und die Ansprüche der Nachfolge gingen an die Nebenlinie Zweibrücken-Kleeburg. So kam das Herzogtum Pfalz-Zweibrücken – mithin auch das Amt Meisenheim – an den Schwedenkönig Karl XI. Zur gleichen Zeit anerkannten eine Reihe der von Frankreich beanspruchten Territorien die französische Oberhoheit an, darunter auch der benachbarte Pfalzgraf Christian von Birkenfeld. Durch Frankreich gedeckt, zog er das Herzogtum Zweibrücken an sich, französische Truppen besetzten die Städte, französische Beamte übernahmen die Verwaltung. Somit war das politische Durcheinander fast vollkommen: Eine vom Volk zwar verehrte, aber machtlose Statthalterin des fernen schwedischen Landesherrn Friederike Charlotte, die Meisenheim übrigens vor der Zerstörung durch die Franzosen bewahrte, der Birkenfelder als landhungriger Verwandter, die französische Besatzung mit eindeutigen Reunionsabsichten: Das ist der schwer durchschaubare, verworrene politische Hintergrund des Jahres 1683 im Glantal. Ludwig XIV. förderte die versprengten Katholiken in den reunierten Gebieten aus sehr realen und handfesten Motiven, er suchte nämlich Bundesgenossen in einem fremdsprachigen Land, das er annektieren wollte. Es ging ihm um die Rheingrenze und um das gleiche Prinzip, das auch die reformierten Landesherren anstrebten, nämlich die konfessionelle Einheit, die das Regieren erleichterte. 1683 kamen daher Franziskanermissionare nach Meisenheim, um eine Kirche und ein Kloster zu gründen, angeführt von Hubert Raenerts, einem Vikar aus dem Konvent in Kreuznach.[3] In einem Zeitraum von acht Jahren, nämlich von 1683 bis 1690, haben die Franziskaner von Meisenheim aus in 103 benachbarten Ortschaften die Altgläubigen gesammelt, 604 Taufen gespendet und versucht den katholischen Glauben wieder neu zu organisieren. Sie konnten sich hierbei auf eine Verfügung Ludwigs XIV. stützen, den Katholiken in den Orten, in denen es zwei Kirchen gab, die kleinere zu überlassen, und ihnen dort, wo es nur eine Kirche gab, die simultane Mitbenutzung für ihre religiösen Funktionen zu gestatten. Dies betraf in den Ämtern Meisenheim, Rheingrafenstein, Grumbach, Reipoltskirchen und Stadecken immerhin 60 Kirchen.

In den nächsten Jahrzehnten wurde Meisenheim zwar ein Zentrum der katholischen Erneuerung für das Land an Nahe und Glan, die Katholiken blieben jedoch – bis zum heutigen Tage – in der absoluten Minderheit. 1731 zählte die katholische Pfarrgemeinde Meisenheim (Stadt und Umland) ca. 1.000 Mitglieder. Diese Zahl hat sich bis heute nur geringfügig geändert, da heute ca. 1.150 katholische Glaubensangehörige im Bereich der Pfarrei leben. Genau wie in den Gründerjahren, so lebt auch heute die Pfarrgemeinde Meisenheim vom Zuzug katholischer Familien, die Katholiken sind mit ca. 12 Prozent Anteil der Bevölkerung jedoch in der Minderheit geblieben.

Warum bei diesem schwierigen Umfeld (die Spannungen zwischen den Konfessionen waren damals bekanntlich ungleich größer als heute) eine so relativ große Gruppe italienisch-katholischer Einwanderer nach Meisenheim kam, läßt sich heute nicht mehr feststellen, von besonderen Privilegien o. ä. ist jedenfalls nichts bekannt. Eine der zuziehenden Familien waren die Puricelli. Eine Familie Puricelli ist in den Orten am Comer See seit dem Jahre 1572 durch Urkunden belegt; so ist z. B. aus dem Jahre 1582 ein Vertrag zwischen Giovanni Pietro Brentano, Giovanni

Antonio Franzoso und Giovanni Antonio Puricelli bekannt, in dem diese vereinbarten, in Deutschland Tuchhandel zu betreiben.[4] Im 17. Jahrhundert sind dann die ersten Puricelli und Puricelli-Nachfahren im deutschen Sprachraum selbst nachweisbar: Es wurde beispielsweise 1682 ein Anton Puricelli in die Trierer Krämerzunft aufgenommen, ebenso ein Bernard am 4.7.1695 und ein Franciscus am 4.7.1701. Weitere Namensträger werden in Bernkastel und Markdorf erwähnt.[5]

In Meisenheim taucht die Familie Puricelli erstmals im Jahre 1750 auf. In diesem Jahr, am 1.10.1750, schloß Jacob Anton (Giacomo Antonio) Puricelli die Ehe mit der Meisenheimer Bürgerstochter Maria Katharina Louisa Brachetti. Ein Heiratsvertrag dieser beiden befindet sich unter dem gleichen Datum übrigens auch im Kirchenbuch von St. Wendel.[6] Die Familie Brachetti (richtiger Braquetto) ist schon einige Jahrzehnte länger in Meisenheim nachweisbar; so heiratete z. B. der Vater von Maria Katharina, Johann Baptist Brachetti, am 12.1.1723 die Tochter aus einer weiteren in Meisenheim ansässigen Familie italienischer Abstammung, Maria Magdalena Cetto.[7]

Jacob Anton Puricelli wurde am 7.12.1750 gegen eine Zahlung von 10 fL "Inzugsgeld" als Bürger in der Stadt Meisenheim aufgenommen; er betätigte sich hier bis zu seinem Tode am 9.3.1788 recht erfolgreich als Großhändler für Gewürze, Wein, Öl, Getreide, Tabak und Kohle. Aus der Ehe der Eheleute Jakob Anton und Maria Katharina Louisa Puricelli gingen drei Kinder hervor, die alle in Meisenheim getauft worden sind, und zwar:
1. Maria Katharina Martina getauft am 12.11.1751
2. Angela Margaretha getauft am 19.5.1753
3. Carolus Martinus Jacobus Antonius getauft am 23.3.1759

Dieser starb jedoch im gleichen Jahr und wurde am 3.9.1759 in Meisenheim beerdigt.

Aus einer 1. Ehe in Italien hatte Jacob Anton Puricelli darüberhinaus einen weiteren Sohn und eine weitere Tochter. Über diese "italienischen" Kinder haben wir so gut wie keine Nachrichten. 1764 heiratete Jacob Anton ein drittes Mal: Maria Ludowica (Louisa) Marhoffer. Kurz danach wird er in die Erbauseinandersetzung über das Vermögen seines vier Wochen zuvor verstorbenen Schwiegervaters Joachim Ehewein Marhoffer hineingezogen, da dieser noch mehrere minderjährige Kinder (Geschwister seiner Frau) hinterließ.[8] Im Stadtarchiv von Meisenheim ist eine Akte erhalten, wonach die Regierung eine Dispensation des Inventars zunächst ablehnte, später jedoch auf Bitten der Witwe Joachim Marhoffers hin dieser vorläufig den ungeschmälerten Besitz des Vermögens gestattete, bis alle Kinder volljährig waren.[9]

Die Eheleute Jacob Anton und Maria Ludowica Puricelli hatten insgesamt 14 Kinder, die zwischen Mai 1765 und März 1785 alle zu Meisenheim geboren wurden. Es waren dies im einzelnen:
1. Anna Sabina Martina   get. 23.05.1765 † 02.01.1766
2. Carolus Wilhelmus Antonius   get. 10.09.1766 † 26.02.1805
3. Martinus Jakobi Nazarius   get. 06.10.1767 † 02.04.1768
4. Johannes Andreas Maria   get. 12.12.1768 † 06.04.1769
5. Georgius Nikolaus Henricus   get. 27.01.1770 † 21.02.1814
6. Jacobus Tillmann   get. 04.07.1771 † 12.10.1771
7. Johann Bartholomäus   * 29.09.1772
8. Maria Magdalena   * 30.10.1773 † 16.10.1776
9. Petrus Stefanus   get. 29.05.1775 † 09.10.1776
10. Maria Antonia Elisabeth   * 15.12.1776
11. Petrus Josephus   * 18.03.1779 † 27.05.1779

ACTE DE DÉCÈS.

L'an mil huit cent *quatorze* le *vingt deux* du mois de *février* à *trois* heures du *relevé* pardevant nous *Adjoint*, faisant les fonctions d'officier de l'état civil de la Mairie de *Meisenheim* Canton de *Meisenheim* Département de la Sarre, sont comparus le *Sieur Georg Chrétien Hellermann* —————— demeurant à *Meisenheim* profession de *Marchand* âgé de *trente neuf* ans, qui a dit être *beaufrère du* défunt ; et le *Charle Kessler* —————— demeurant à *Meisenheim* profession de *Aubergiste* —— âgé de *cinquante* ans, qui a dit être *voisin du* défunt ; lesquels nous ont déclaré que le *vingt un* —— du mois de *février* à *neuf* heures du matin est décédé à *Meisenheim Henri Puricelli* —————— né à *Meisenheim* âgé de *quarante trois* ans, domicilié à *Meisenheim* profession de *Marchand* —— fils de *Jacques Puricelli décédé* professio de *Marchand* domicilié à *Meisenheim* et de *Louisa née Karbaser* —————— et ont les déclarans signé avec nous le présent acte, après que lecture leur en a été faite.

Fait à *Meisenheim* les jour, mois et an que dessus. L'*Adjoint* de *Meisenheim*

G. Chr. Hellermann   *Carl Kessler*   *(signature)*

Meisenheim, Standesamt: Auszug aus einem Familienbuch von 1814.

12. Jacobus Antonius	* 09.01.1781	† 13.08.1781
13. Johannes Baptist Antonius	* 24.01.1784	† 03.02.1784
14. Johann Baptist	* 23.03.1785	† 11.12.1844

Es ist auffallend, daß – obwohl die Familie Puricelli schon damals als eine recht wohlhabende Familie bezeichnet werden kann – die Kindersterblichkeit auch in diesem Haushalt sehr hoch war. Wie man der vorstehenden Ausführung entnehmen kann, lebten gleichzeitig niemals mehr als sechs Personen im Haushalt der Familie Puricelli. Neun der Kinder starben bereits in jungen Jahren. Als weitere Auffälligkeit ist festzustellen, daß als Taufzeugen für die Kinder von Jacob Anton Puricelli eine Reihe angesehener Bürger aus weiter entfernt liegenden Städten und Gemeinden in den Kirchenbüchern vermerkt sind; dies hängt sicherlich wohl auch damit zusammen, daß die Anzahl möglicher Paten bei der doch recht kleinen katholischen Gemeinde in Meisenheim beschränkt war. Zu nennen ist hier Carl Philipp Wilhelm Baron von Raesfeld, Tillmann Arzt, Handelsmann zu Wesel, Petrus Stephan Manera, Kaufmann zu Bingen oder Johann Baptist Busetti, Kaufmann zu Mainz. In den Akten des Stadtarchivs taucht Jacob Anton Puricelli noch einmal im Jahre 1775 auf, als er zum Ratsverwandten gewählt wurde.

Aus der nächsten Generation ist bekannt, daß Maria Antonia Elisabeth Puricelli am 1.2.1800 den Meisenheimer Bürger Georg Christian Hellermann, ein Mitglied einer der angesehensten Meisenheimer Familien, heiratete.

Carolus Wilhelmus Antonius (Carl Anton) Puricelli verehelichte sich im Jahre 1791 mit Margaretha Utsch, der Tochter von Friedrich Wilhelm Utsch, dem Inhaber der Rheinböller Hütte und – angeblich – dem "Jäger aus Kurpfalz".

Interessant ist hierbei, daß der Bruder von Friedrich Wilhelm Utsch, Johann Heinrich Utsch (1734-1783), als Kaufmann und Gutsbesitzer ebenfalls in Meisenheim ansässig war. Es ist daher anzunehmen, daß über ihn die Verbindung der beiden Häuser zustande kam. Hierfür spricht auch, daß Johann Heinrich Utsch am 18.7.1769 Maria Elisabeth Marhoffer (1751-1785) geheiratet hatte, eine Schwester von Maria Ludowika Marhoffer, der Ehefrau von Jacob Anton Puricelli. Unter den Taufzeugen der acht Kinder der Eheleute Johann Heinrich und Maria Elisabeth Utsch waren unter anderem Antonius Jacobus Puricelli, Franz Ludwig Utsch, Friedrich Wilhelm Utsch und Gerardus Utsch von Nierstein. Dies zeigt sehr deutlich, daß bereits vor der Heirat Carl Anton Puricellis enge Verbindungen zwischen den Familien Puricelli und Utsch bestanden.

Der seinerzeit 25jährige Carl Anton Puricelli konnte als Ingenieur gleich in den Dienst der Rheinböller Hütte eintreten und seinen Schwiegervater entlasten, ehe in einem am 9.7.1791 abgeschlossenen Vertrag dieser die Besitzrechte und die Leitung der Rheinböller Hütte an Carl Anton Puricelli übergab.

Das Ehepaar Carl Anton und Margaretha Puricelli hatte vier Kinder:

1. Friedrich Puricelli	* 1792	† 1880
2. Carl II. Anton Puricelli	* 1794	† 1872
3. Heinrich Puricelli	* 1797	† 1876
4. Antonia Puricelli	* 1800	† 1835

Carl Wilhelm Antonius Puricelli verstarb 1805 im Alter von erst 39 Jahren. Die hieraus resultierenden Schwierigkeiten sind in dem Buch von Peter Bahn über die Familie Puricelli ausführlich geschildert worden.

Im Jahr achtzehn Hundert *zwanzig*, den *[handschriftlich]* Juli
[...] Uhr des *Morgens* erschien vor mir Civilstands-Beamter der *[handschriftlich]*
Meisenheim im Landgräflich Hessischen Oberamt Meisenheim, der *Herr [...]*
Puricelli alt *dreyßig fünf* Jahr, *Kaufmann*
wohnhaft zu *Meisenheim* und der *Nicolaus Heerwagen*
alt *fünfzig fünf* Jahr, *Nachbarn* wohnhaft
zu *Meisenheim* ersterer gab an ein *Vater* und letzterer
ein *Freund* der Verstorbenen zu seyn, und erklärten beide, daß am
Neunzehnten diesel um *neun* Uhr des *Abends* zu
Meisenheim die *Maria Louisa Susanna Puricelli*
geboren zu *Meisenheim* alt *zwey* Jahr, *[...]*
[...] wohnhaft zu *Meisenheim, Tochter von dem oben*
benannten Herrn Puricelli, und dessen Ehefrau Elisabetha [...]
Coerper, beide hier wohnhaft: -.
verstorben seye, und haben die Deklaranten diesen Akt nach Vorlesung mit mir unterschrieben.

Also geschehen zu *Meisenheim* am Tag, Monat und Jahr wie oben.
[Unterschriften:] J. B. Puricelli — Nicolas Heerwagen — Der [...] Beck

Meisenheim, Standesamt: Auszug aus einem Familienbuch von 1820.

Die Meisenheimer Linie der Familie Puricelli wurde von Johann Baptist Puricelli, Kaufmann und Landwehrhauptmann zu Meisenheim weitergeführt, der am 11.12.1844 verstarb. Er heiratete die Meisenheimer Bürgerstochter Elisabeth Juliana Cörper, Tochter von Johann Wilhelm Cörper, seinerzeit Oberamtsschreiber zu Meisenheim. Aus dieser Ehe entstammten zehn Kinder, nämlich:

1. Jakob Wilhelm Anton   * 1819   † 16.01.1821
2. Henrich Christian   * 17.11.1821   † 16.04.1842
3. Friedrich Ludwig   * 17.11.1822   † 27.06.1872
4. Julius Heinrich   * 15.11.1827   † 02.06.1848
5. Maria Susanna Louisa   * 1817   † 14.07.1820
6. Susanna Friederike Carolina   * 1824
7. Elisabeth Friederika Carolina   * 1829   † 27.03.1830
8. Antoinette   * 1831   † 1851
9. Maria Louisa   * 1833   † 1833
10. Carl Friedrich   * 1833   † 1833

Meisenheim, Untergasse 40: Haus Puricelli. Zustand 1996.

Der Familie Puricelli gehörte zu dieser Zeit insbesondere das Haus Untergasse 40 in Meisenheim, das im Jahre 1823 von Johann Baptist Puricelli neu erbaut worden ist. Dieses Haus wurde unlängst mit großem Aufwand renoviert und in ihm ein Hotel mit Gaststätte errichtet. Bei den Bauarbeiten wurde im Jahre 1990 im obersten Stockwerk unter der Dachtraufe ein etwa 1 qm großer Sandstein mit folgender – bis auf die zerstörten Stellen – gut leserlicher Inschrift aufgefunden: "Diesen Bau lies erbauen Herr Joh. Bapt.

Puricelli und seine Ehefrau Elisabeth, gebohrene Coerper, Familie . . . alt 2/3 Jahr Fried . . . alt 8 Monat. Baumeister davon waren Phil. Maurer und Söhne Friedrich und Phil . . . dessen Tochtermann Schlarb für die Zimmerarbeiten und . . . Weinel der Grundstein gelegt den 28. May 1823."[10]

Das dreistöckige Gebäude selbst ist ein stattlicher Bau unmittelbar am Marktplatz, noch heute das besterhaltene klassizistische Gebäude in Meisenheim. Es zeigt ganz deutlich, daß nicht nur die Rheinböller Verwandtschaft zu Reichtum gelangte, sondern auch der Meisenheimer Zweig der Familie Puricelli zu diesem Zeitpunkt zu den wohlhabendsten Bürgern Meisenheims gehört haben dürfte.

Mit dem Sohn Johann Baptist Puricellis, Friedrich Ludwig Puricelli, der am 16.11.1847 in Meisenheim Emilie Chatarina Susanna Elisabeth Reinhardt heiratete, endet das Kapitel der Familie Puricelli in Meisenheim, um sich – wie bekannt – in Rheinböllen und Bad Kreuznach fortzusetzen. Der Vater der Ehefrau war der Hessisch-Homburgische Regierungsrat Georg Martin Reinhardt, der in Meisenheim eine Funktion versah, die sich mit der eines heutigen Landrates vergleichen läßt. Das Ehepaar verließ offensichtlich nach einigen Jahren das Haus Untergasse 40, um in das 1843 neu erbaute Anwesen Lindenallee 2 umzuziehen, denn bei der Volkszählung des Jahres 1864 war die Familie als im Hause Lindenallee 2 ansässig gemeldet.

Friedrich Ludwig Puricelli war der erste Akademiker unter den Puricelli im Rhein-Nahe-Gebiet. Er wirkte bis zu seinem Tod am 27.6.1872 als Dr. med. in der Hessen-Homburgischen und später Preußischen Oberamts- bzw. Kreisstadt Meisenheim. Den Eheleuten Friedrich Ludwig und Emilie Susanna Elisabeth Puri-

celli wurden zwischen 1848 und 1858 fünf Kinder geboren; diese
waren:

1. Johann Baptist Georg Julius   * 23.08.1848
2. Carl Martin   * 18.12.1849
3. Therese Henriette Susanna   * 30.07.1851
4. Elisabeth Anna Juliana   * 21.05.1855   † 15.10.1855
5. Ludwig Jakob   * 24.05.1858

Bei der Zählung im Jahre 1864 wurden nur drei Kinder genannt, nämlich der damals sechsjährige Sohn Ludwig Jakob, die dreizehnjährige Therese Henriette Susanna sowie der sechzehnjährige Johann Baptist Georg Julius, der sich jedoch auswärts aufhielt. Von daher ist anzunehmen, daß auch Carl Martin bereits im Kindesalter verstorben ist.

Welches Schicksal die drei Geschwister genommen haben, konnte nicht festgestellt werden; offenbar sind sie verzogen, denn ihr Versterben ist in den Standesamtsakten der Stadt Meisenheim nicht beurkundet.

In Meisenheim sind nur wenige Erinnerungen an die Mitbürger italienischer Abstammung verblieben; es sind dies in erster Linie Akten, Schriftstücke und Kirchenbucheintragungen. Leider hat die Familie Puricelli bei ihren späteren – überaus großzügigen und zahlreichen – Aktivitäten als Spender und Mäzene ihren ersten Wohnsitz Meisenheim total übergangen. Hierbei ist meines Erachtens insbeson-

Meisenheim, Alter Friedhof: Doppelgrab des Dr. med. Friedrich Ludwig Puricelli (1822-1872) und seines Schwiegervaters Georg Martin Reinhardt (1794-1872), Landrat zu Meisenheim. – Das Photo zeigt den Zustand von 1935. Die marmorne Inschriftentafel und das darüber aufragende Kreuz haben sich nicht erhalten.

dere erstaunlich, daß sich auch in der – wie beschrieben – ab 1683 neu errichteten katholischen Kirche in Meisenheim keinerlei von der Familie Puricelli gestifteten Gegenstände befinden. So bleiben als einzige, sichtbare Monumente das Haus Untergasse 40 und das unvollständig erhaltene Grabdenkmal Puricelli/Reinhardt.

Anmerkungen

1) Italiener S. 1
2) Seibrich S. 16
3) s. hierzu Terschlüsen in Seibrich S. 23 f
4) Italiener S. 12
5) Bahn S. 17
6) Italiener S. 12
7) die Angaben hierzu stammen von G. F. Anthes, Italiener S. 12 f bzw. Kasualien S. 283 bzw. von Graf Plettenberg, Frankfurt/M.
8) Bahn S. 31 f
9) Italiener S. 14
10) s. Allgemeiner Anzeiger vom 14.11.1990

Literaturangaben

Anthes, Günter F.: Italiener in Meisenheim, Meisenheimer Hefte Nr 24 1985 (zitiert: „Italiener"); Ders.: Die Familien in Meisenheim am Glan, Bd. 1 Die Kasualien der katholischen Pfarrei St. Antonius von Padua zu Meisenheim am Glan 1683-1798, Ludwigshafen 1989 (Zitiert „Kasualien")

Bahn, Peter: Die Puricellis, Bad Kreuznach 1989

Seibrich, Wolfgang: Kath. Pfarrgemeinde St. Antonius u.a. von Padua, Meisenheim 1983

Stammtafel "Puricelli" (Linie: Meisenheim/Pfalz)

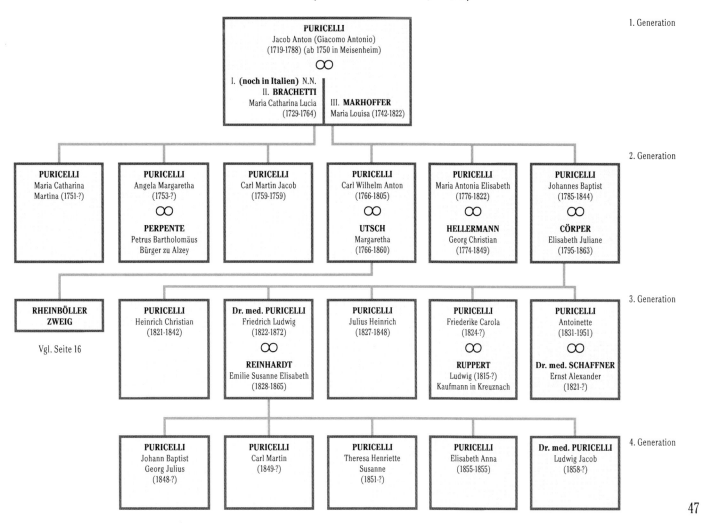

PURICELLI
Jacob Anton (Giacomo Antonio)
(1719-1788) (ab 1750 in Meisenheim)
∞

I. **(noch in Italien)** N.N.
II. **BRACHETTI**
Maria Catharina Lucia
(1729-1764)　III. **MARHOFFER**
Maria Louisa (1742-1822)

PURICELLI
Maria Catharina
Martina (1751-?)

PURICELLI
Angela Margaretha
(1753-?)
∞
PERPENTE
Petrus Bartholomäus
Bürger zu Alzey

PURICELLI
Carl Martin Jacob
(1759-1759)

PURICELLI
Carl Wilhelm Anton
(1766-1805)
∞
UTSCH
Margaretha
(1766-1860)

PURICELLI
Maria Antonia Elisabeth
(1776-1822)
∞
HELLERMANN
Georg Christian
(1774-1849)

PURICELLI
Johannes Baptist
(1785-1844)
∞
CÖRPER
Elisabeth Juliane
(1795-1863)

**RHEINBÖLLER
ZWEIG**

Vgl. Seite 16

PURICELLI
Heinrich Christian
(1821-1842)

Dr. med. PURICELLI
Friedrich Ludwig
(1822-1872)
∞
REINHARDT
Emilie Susanne Elisabeth
(1828-1865)

PURICELLI
Julius Heinrich
(1827-1848)

PURICELLI
Friederike Carola
(1824-?)
∞
RUPPERT
Ludwig (1815-?)
Kaufmann in Kreuznach

PURICELLI
Antoinette
(1831-1951)
∞
Dr. med. SCHAFFNER
Ernst Alexander
(1821-?)

PURICELLI
Johann Baptist
Georg Julius
(1848-?)

PURICELLI
Carl Martin
(1849-?)

PURICELLI
Theresa Henriette
Susanne
(1851-?)

PURICELLI
Elisabeth Anna
(1855-1855)

Dr. med. PURICELLI
Ludwig Jacob
(1858-?)

Constantin Graf v. Plettenberg

Die Familie Puricelli – unter besonderer Berücksichtigung von Franziska Puricelli (1830-1896)[1]

Wappen der Familie Puricelli (drei Knaben vor Goldgrund, drei senkrechte rote Balken vor Silbergrund). Nach dem Siegel eines Briefes von 1769, den Giacomo Antonio Puricelli aus Meisenheim an seinen Bruder in Spurano, den Kanoniker Carl Anton, verfaßte.

1. Herkunft

Die Puricelli stammten, wie der klingende Namen vermuten läßt, aus Italien und zwar aus Spurano am Comer See. Wir müssen zwei Einwanderungsbewegungen dieser Familie unterscheiden. Die ersten kamen um 1660 und ließen sich im Trierer Raum nieder. Akklimatisierungs- bzw. Integrationsschwierigkeiten in der neuen Heimat schienen die wendigen Südländer nicht gehabt zu haben, da man sie nach nur wenigen Jahrzehnten bereits in gehobenen kirchlichen, öffentlichen und privatwirtschaftlichen Positionen antrifft. Von diesen Kanonikern, Notaren und Handelsherren sind nur die genealogischen Eckdaten bekannt; und man weiß, daß diese Linie gegen Ende des 18. Jahrhunderts erloschen zu sein scheint. Aber in Spurano am Comer See waren noch mehr Mitglieder der Familie Puricelli zur Auswanderung bereit. 1750 ist Giacomo Antonio Puricelli (1719-1788) als Bürger der kleinen pfälzischen Residenzstadt Meisenheim urkundlich erwähnt. Sein Sohn Carl Wilhelm Anton (1766-1805) heiratete 1791 in die Forstherren- und Eisenhüttendynastie der Familie Utsch zu Rheinböllen ein. Noch in Meisenheim betrieb Carl (I.) einen regen Handel für Spezereien, Wein, Öl, Getreide, Kohlen und Tabak. Nach der Heirat mit Margarethe Utsch, der

späteren Haupterbin der Rheinböller Hütte, wird er als Ingenieur bezeichnet. Bevor nun näher auf die Puricelli der Rheinböller Eisenwerke eingegangen wird, mag die Frage nach den Einwanderungsgründen gestellt und hier repräsentativ für die zur selben Zeit aus derselben Gegend gekommenen Balbiano, Brentano, Canaris, Cetto, Prestinari und Vacano beantwortet werden:

In den Ortschaften an dem schmalen Uferstreifen des Comer Sees existierte keine ausgeprägte Landwirtschaft. Genausowenig gab es besondere Bodenschätze. Von jeher war man daher auf den Handel angewiesen. Hier war das Leben in früheren Zeiten, die noch nicht den einträglichen Fremdenverkehr kannten, meist bitterarm und wegen der drohenden Naturgewalten oft voller Gefahren. Nach dem Dreißigjährigen Krieg waren besonders die katholisch beherrschten Territorien in Südwestdeutschland das bevorzugte Ziel dieser Auswanderer; vor allem die geistlichen Herrschaften der Bistümer Trier, Mainz und Speyer. Hier war bedeutende Aufbauarbeit zu leisten und das begehrte Bürgerrecht leicht zu erwerben – als Basis für weiteren sozialen Aufstieg. Es läßt sich beobachten, daß diese italienischen Zuwanderer für die katholischen Gebiete etwa die gleiche Bedeutung gewonnen haben wie die hugenottischen *Refugiés* für die protestantischen Territorien. Viele dieser Familien sollten spätestens ab dem frühen 19. Jahrhundert führende Rollen in der Wirtschaft, Politik und Kultur Westdeutschlands spielen.

Norditalien, Comer See: Ansicht von Sala (Spurano), dem Herkunftsort der Meisenheimer und Rheinböller Puricelli. Photographie um 1880.

Comer See, Spurano mit der gegenüberliegenden Isola Comacina: 1816 sandte Margarethe Puricelli-Utsch ihren ältesten Sohn Friedrich nach Spurano, um die dortige Casa Puricelli mit den dazugehörigen Ländereien versteigern zu lassen. Photographie um 1910.

Forstamt Entenpfuhl (Soon-wald): Denkmal des Jägers aus Kurpfalz. Postkarte von 1913.

2. Die Unternehmer

Carl Wilhem Anton, Sohn des ersten Meisenheimer Puricellis, heiratete 1791 in die Eisenwerke des Friedrich Wilhelm Utsch ein. Utsch gilt als einer der möglichen Helden, dem das berühmte Volkslied "Ein Jäger aus Kurpfalz" gewidmet ist. Friedrich Wilhelm Utsch starb 1795 und hinterließ die "Utsche Hütt" in der Hauptsache der Tochter Margarethe, nun verheiratete Puricelli-Utsch, sowie dem unvermählten Sohn Carl Theodor Utsch (1769-1860) – dem späteren Erbonkel Utsch. Diese drei Personen sollten von nun an die Geschicke der Rheinböller Eisenwerke bestimmen. Wenn Carl Puricelli seinerzeit als Ingenieur bezeichnet wurde, so müssen wir ihn uns als technischen Direktor vorstellen. Sein Schwager wird in heutiger Sprechweise den Vertrieb für die Produkte, vor allem Öfen und Herde, Takenplatten, Handelsguß etc. übernommen haben. Es ist aber auch überliefert, daß Margarethe Puricelli sich nicht allein auf die Rolle einer Ehe- und Hausfrau beschränkte, sondern "mit männlich bestimmender Hand" in der Unternehmensleitung vertreten war. Dies sollte allen Beteiligten zum Vorteil gereichen, da Carl Puricelli bereits 1805 verstarb. Margarethe und ihr lediger Bruder führten den Betrieb von nun an alleinverantwortlich. 1836 firmierte die Rheinböller Hütte erstmals unter "Gebrüder Puricelli", so daß inzwischen die nächste Unternehmergeneration in Form der Söhne Friedrich, Carl (II.) und Heinrich (I.) Puricelli zur Verfügung stand. Friedrich fungierte als technischer und Heinrich als kaufmännischer Leiter. Carl (II.) zog sich aus familiären Gründen von der aktiven Hüttenleitung zurück, gründete um 1830 in Bingen den dortigen Puricelli-Zweig, betrieb Weinbau und war ein begabter Amateurmaler.

1860 starb der Erbonkel Utsch, und die Puricelli sahen sich, nachdem die Utsch'en Miterben ausbezahlt waren, im Alleinbesitz der Rheinböller Hütte. Dazu gehörten auch die der Energieversorgung dienenden Hüttenwälder, Erzgrubenkonzessionen, Wasserenergiequellen sowie eine qualifizierte Mitarbeiterschaft, die sich aus den umliegenden Gemeinden um Simmern, Stromberg und Kreuznach rekrutierte. Mit diesen gutausgebildeten Schmieden, Sandformern, Gießereiarbeitern, Modellbauern, Maschinenschlossern, Monteuren, technischen Zeichnern etc. nahm die Hütte in den nachfolgenden Jahrzehnten einen enor-

Rheinböller Hütte: Fabrikanlagen 1954. Links das ehemalige Wohnhaus Carl Th. Utsch (später Hermann Puricelli). Heute: Werksleitung der Firma ITT Automotive.

51

Carl Th. Utsch (1769-1860). Portrait um 1840.

Carl (II.) Puricelli (1794-1872), Begründer des Puricelli-Zweiges in Bingen. Portrait um 1860.

Carl (II.) Puricelli: Italienische Ideallandschaft (lavierte Federzeichnung mit Aquarell). Rechts unten (außerhalb der Darstellung) signiert und datiert: "Carl Puricelli 4. Sept. 1811".

men Aufschwung. Unter der Leitung der Gebrüder Puricelli, die ihre Studien an den technischen Hochschulen in Karlsruhe und Wuppertal-Elberfeld absolvierten, florierten Produktion und Absatz der Eisengußwaren derartig, daß man nach Expansionsfeldern zu suchen begann.

1865 waren Anteile an einer Hüttenbetriebsgesellschaft in Nancy erworben worden, um sich den Zugriff auf die reichen Rohstoffvorkommen in Lothringen zu sichern. 1870 erfolgte der Erwerb der großen Schiefergruben des Wilhelm-Erb-Stollens in Kaub am Mittelrhein. Jahre zuvor hatte eine folgenschwere Diversifikation für das Unternehmen stattgefunden: Bereits ab 1850 engagierten sich die Puricelli erfolgreich in der neu aufkommenden Gasindustrie, die in den nachfolgenden Jahrzehnten die Beleuchtung von Innenstädten und privaten wie öffentlichen Bauten übernahm. Die Hüttenleitung hatte die Zeichen der Zeit erkannt und investierte hohe Beträge in den Aufbau der Gaswerke in Krefeld, Trier, Karlsruhe, Freiburg, Mannheim, Mainz, Frankfurt, Köln und Marburg. Die Investition in die – später – öffentliche Infrastruktur sollte sich zweifach lohnen:

Zum einen baute man sich eine monopolartige Stellung im Versorgungswesen des bevölkerungsreichen und wachstumsträchtigen Rheinlandes auf. Zum anderen stellte man über Beteiligungen an den die Anlagen bauenden Firmen den Absatz der eigenen Produkte, nämlich gußeisernen Röhren, Kandelaber etc., sicher.

Ab ca. 1870 begann die Kommunalisierung der Gaswerke. Die dabei erzielten Verkaufserlöse flossen in die Modernisierung der Rheinböller Hütte zurück. Sie wurden aber auch in land- und forstwirtschaftlichen Gütern in West- und Süddeutschland angelegt.

Die Geschichte der Rheinböller Hütte hatte spätestens mit dem Verkauf der rheinischen Gaswerke um 1900 ihren Zenit überschritten. Ungünstige Infrastruktur, der bekannte *"Hunsrücker Reichtum an armen Erzen"*, das Abwandern von Arbeitskräften in die Zentren der westdeutschen Schwerindustrie an Saar und Ruhr drängte die verbliebene Eisenindustrie nach Schließung der meisten kleineren Konkurrenzhütten in die Position eines Grenzanbieters – ein Umstand, dem man durch Spezialisierung, Diversifizierung und auch durch die Übernahme von Konkurrenten[2] zu begegnen suchte. Man produzierte weiterhin, allerdings bei erheblich verringerter Fertigungstiefe, nun auch emaillierte Öfen und Herde sowie Handelsgußstücke. Mitte der sechziger Jahre schließlich konnte die Rheinböller Hütte aus eigener Kraft nicht mehr existieren und ging in den Besitz des Frankfurter Bremsenherstellers, der Alfred Teves GmbH, über. Das Werk ist heute Teil des amerikanischen Automobilzulieferkonzerns "ITT Automotive" und wird unter gleichnamiger Firma betrieben.

3. Das Puricelli'sche Sozial- und Stiftungswesen

Parallel zum wirtschaftlichen Aufschwung der Rheinböller Hütte entwickelten die Puricelli ab ca. 1850 ein vielschichtiges Stiftungswesen im Rhein-Nahe-Raum, aber auch in der Trierer Gegend, wo ein anderer Zweig der Puricelli angesiedelt war. In Ermangelung einer leistungsfähigen staatlichen Sozialversorgung waren die Bedürftigen der Zeit häufig auf kirchliche und auch private Unterstützung angewiesen. Als frühe Trägerin und Vorbild für zeitgenössische bzw. nachfolgende Generationen innerhalb der Sippe Puricelli darf Eugénie Puricelli (1807-1873), die Frau von Heinrich (I.) Puricelli, gelten. Sie stammte aus

Eugénie Puricelli, geb. Traschler (1807-1873). Photographie um 1865.   *Heinrich (I.) Puricelli (1797-1876). Photographie um 1865.*

Püttlingen/Lothringen, war streng katholisch im aktiven mildtätigen Sinne und wird in der Erinnerungsliteratur des 19. Jahrhunderts wie folgt geschildert:[3]

"Die ältere Frau Puricelli, eine Dame von halb deutscher, halb französischer Herkunft, vereinte das gewinnende Wesen, die Feinheit und Schnelligkeit des Geistes der gallischen Frau und der redlichen Gesinnung und dem Gemüte der deutschen Matrone."[4]

Sie schenkte ihrem Mann drei Kinder – Eduard, Franziska und Eugénie (II.). Wenn man sich mit der Stiftungstätigkeit der Puricelli beschäftigt, fällt auf, daß gerade dieser Familienzweig samt den späteren Schwiegerkindern – Hyazinthe Recking und Carl (III.) Puricelli – die größten Wohltäter hervorbringen sollte. Exemplifizieren wir diese Aussage an Franziska Puricelli und versuchen wir, ihr Leben und ihre Persönlichkeit etwas nachzu-

Rheinböllerhütte: Wohnhaus der Familie Heinrich (I.) Puricelli. Die Villa wurde ca. 1835/40 errichtet; 1895 kamen noch die Terrasse und das Glashaus (Wintergarten) hinzu. – Photographie von Olga Kirsch-Puricelli um 1910.

zeichnen, was aufgrund schwacher Quellenlage nur lückenhaft und punktuell möglich ist; es ergibt sich somit folgendes Bild:

Franziska, genannt Fanny, wurde 1830 als zweites Kind des Mitbesitzers der Rheinböller Eisenwerke Heinrich (I.) Puricelli und seiner Frau Eugénie Traschler geboren. Fanny wuchs in einem katholischen Elternhause in Rheinböllerhütte in der protestantisch regierten preußischen Rheinprovinz auf. Schon früh lernte sie ihre Mutter Eugénie (I.) als karitativ tätige Frau kennen: Eugénie unternahm beträchtliche regelmäßige Zuwendungen an Bedürftige und tätigte kirchliche Stiftungen aller Art. Fanny sollte ihr später in ihrem Stiftungseifer nachfolgen.

In den vierziger Jahren des letzten Jahrhunderts erhielt sie ihre Erziehung in dem von der badischen Großherzogin Stephanie in Mannheim gegründeten Mädchenpensionat, dem sogenannten "Institut".[5] Unterrichtsschwerpunkte bildeten Religion, deutsche Literaturgeschichte, Naturgeschichte, Kalligraphie in Französisch und Deutsch, Sprachen (Französisch, Englisch, Italienisch), Zeichnen, Musik und Gesang. Ihre Mitschülerinnen kamen meist aus großbürgerlichen und adeligen Häusern. – Aus der Schulzeit hat sich ein Brief an Carl Utsch erhalten, der Fanny's empfindsames, aber zielorientiertes Wesen widerspiegelt. Die Fünfzehnjährige schreibt wie folgt:[6]

"Institut den 27ten April 1845

Es war schon längst mein Vorhaben dir zu schreiben, mein lieber guter Onkel, aber ich wollte noch warten bis der Tag unserer heiligen Communion bestimmt sei; denn ich denke nicht anders als daß du kommen wirst um dieser Feier beizuwohnen, sie wird Montag den 12. Mai stadtfinden.

Es würde mich ungemein freuen, wenn Du Caroline mitnehmen würdest, und dann wird dir der Weg auch nicht so lang vorkommen, und vielleicht hat für sie diese kleine Reise einige Annähmlichkeiten; die Stadt Mannheim, mit dem Schloß und seinem Garten ist recht schön, besonders wenn man sie zum ersten Mal sieht; und auch ich würde die Bekanntschaft erneuern denn es ist schon so lang, daß ich sie nicht mehr sah, daß ich mich nur mehr ganz dunkel erinnern kann, aber in letzterer Zeit hab' ich so viel schönes und gutes von ihr gehört, daß ich mich ungemein freue sie zu sehen. – Bitte sage ihr einstweilen viele Grüße von mir, wie auch Tante und allen andern.

Ich hörte von Mama, daß dein Haus ganz eingerichtet sei, ich bin überzeugt, daß es recht schön ist, ich freue mich es zu sehen, obgleich noch eine geraume Zeit bis dahin ist, wahrscheinlich ½ Jahr. Noch einmal wiederhole ich meine Bitte, theurer Onkel, ich kann sie nur mit schwachen Worten ausdrücken, aber könntest Du in mein Herz schauen, würdest du sehen welch eine unendliche Freude du mir machen kannst!!!!

Lebe wohl, lieber Onkel, gedenke in Liebe

Deiner treuen Fanny"

Franziska Puricelli (1830-1896). Portrait um 1850.

Rheinböllen, Stiftung Puricelli:
Portrait der Schwestern Eugénie
und Franziska Puricelli. Ölge-
mälde von Otto Rethel 1862.

1851 heiratete sie ihren Cousin Carl (III.) Puricelli (1824-1911) in der Pfarrkirche von Stromberg.[7]

1852 wurde das einzige Kind geboren, Heinrich (II.) Puricelli, der spätere Besitzer des Ritterguts "Bangert" (Bad Kreuznach). Er gilt als der Hauptförderer der großen Restaurierung und Regotisierung der St. Nikolauskirche in Kreuznach (1898-1904).

1860 besuchte Fanny ihre kranke Schwester Eugénie (II.), genannt Jenny, in dem Erholungsort Wildbad und lernte dort den Romancier, Archäologen und Ägyptologen Georg Ebers (1837-1898) kennen.[8] Ebers beschreibt Franziska Puricelli in seinen 1893 erschienenen Erinnerungen ("Die Geschichte meines Lebens")[9] in der etwas pathetisch übersteigerten Sprache des 19. Jahrhunderts wie folgt:

"... die Gestalt des Wesens, das ihr [d. h. der Jenny, Anm. d. Verfassers] das Teuerste auf Erden war, und in dem sie die Verkörperung alles Schönen und Guten erblickte. Es war ihre ältere, seit einigen Jahren mit einem Vetter, der ihren Mädchennamen Puricelli trug, vermählte Schwester Fanny.

Die junge Leidensgefährtin bekannte mir selbst, daß ihre Maria die Züge der Frau trage, nach deren Besuch sie sich sehnte. Als diese, die Jenny mir mit den Farben der zärtlichsten Liebe geschildert hatte, endlich erschien, fühlte ich mich dennoch überrascht; denn es war mir noch kein bei fürstlicher Hoheit und seltener Schönheit so freundlich liebenswürdiges Weib begegnet. Nichts Rührenderes, als wenn sich die gefeierte glänzende Weltdame dem kranken Mädchen widmete, es ans Herz zog, sich seiner überfließenden Zärtlichkeit bald erwehrte, bald sich ihr hingab, um mit dem aufmerksamsten Eingehen auf jeden Einfall und Wunsch der Schwester, jetzt voll teilnehmenden Ern-

stes, jetzt mit heiterer Neckerei ihr für so viel Liebe zu danken." Exakt diese Eindrücke und Sprache scheint der rheinische Maler Otto Rethel 1862 in das bekannte Portrait des Geschwisterpaares übersetzt zu haben (vgl. Farbtafel auf S. 55). Das Werk befindet sich heute in der Kapelle der Puricelli'schen Stiftung zu Rheinböllen und ist das beeindruckendste Familienbildnis, das wir kennen. Etwa gleichzeitig setzte Georg Ebers sein literarisches Denkmal – ein Gedicht, das er "Vor dem Bild der Schwestern Puricelli" überschrieb:[10]

Da steh' ich nun gebannt mit feuchtem Auge
Und schaue auf das theure Schwesterpaar,
die Eine krank, berührt vom Sterbehauche,
die Andre wie ein duft'ger Frühlingstag!

O Rosenpaar im stillen Hain erzogen!
Geborgen in der Liebe treuer Hut!
Beschützt vor stürmisch wilden Lebenswogen!
Beschirmt vor sengend heißer Sonnengluth!

Wie fest hält sich das frische warme Leben
die welke Blume mit dem starken Arm,
Es ist als wollte es ihr Kräfte geben
den Odem der Genesung süß und warm.

– Und während sie im vollen Blüthenkranze
Noch hoffend auf die Schwester niederschaut,
– Zieht jene schon im überird'schen Glanze
Sanft himmelwärts als die verklärte Braut.

Wie dringt das Auge in verborgene Tiefen
Mit ernster Ruhe schaut's in lichte Höh'n
- Wenn Eure Schmerzen sanft im Busen schliefen,
Vor diesem Bild - seht Ihr sie neu ersteh'n!

Es füllt das Auge sich mit seichten Thränen,
du süße Blume bist ja kalt und bleich,
doch wird dich stets im schwesterlichen Sehnen
die rothe halten mit dem Herzen reich'. -

O du, die noch als volle Lebensblume
dem Elternhaus als Trost des Schöpfers blieb,
Reich unter diesem ernsten Heiligthume
die Hände der in Trauer warmer Lieb'.

Erinnerung wird tröstend Euch umwehen,
Sie lege lindernd Euch auf's Haupt die Hand
Sie feiere in dem Bild ihr Auferstehen
Und führ' Euch lächelnd einst in's Heimathland!

1862 starb Jenny Puricelli an Magersucht[11] und bestimmte das von ihrer Großtante Agnes Utsch (1762-1841) ererbte Kapital zur Stiftung eines (ersten) Waisenhauses in Rheinböllen als Dank für die von den Dernbacher Schwestern erhaltene Pflege. Die Eltern führten den letzten Willen ihrer Tochter aus, und Fanny sollte ab 1884 Jenny's Stiftung zu dem heutigen Umfang erneuern und erheblich erweitern. Wir erkennen in der Rheinböller Stiftung Franziskas persönlichstes und schönstes Werk zu Lebzeiten.

Fanny war musisch und pflegte ihr Interesse in Literaturkreisen in Rheinböllerhütte mit Georg Ebers; zu dem Roman "Uarda" (1877) entstand in dieser Zeit dort die Vorrede. Die Novelle "Eine Frage" (1881) ist Franziska Puricelli gar gewidmet: *"Frau Fanny Puricelli in alter, unwandelbarer Freundschaft"*.[12] In den Jahren 1860-1890 führten sie diverse Reisen nach Paris, um Weltausstellungen und Kunstsammlungen zu besuchen, Verwandte zu sehen und Einkäufe von Möbeln, Büchern, Garderobe etc. zu tätigen.[13]

Georg Ebers (1837-1898). Photographie mit eigenhändiger Unterschrift 1876.

Franziska Puricelli (1830-1896). Photographie von Disdéri, Paris, um 1870. Das Original weist ein Format von 6,3 x 10,4 cm auf und gehört damit zu den sogenannten Visitenkartenportraits, eine Erfindung, die sich André Adolphe E. Disdéri 1854 in Paris patentieren ließ. Zu Disdéri und die Folgen für die Mengenphotographie vgl. Gernsheim, H.: Geschichte der Photographie (Propylaen Kunstgeschichte, Sonderband III.), Frankfurt-Berlin-Wien 1983, S. 355 ff.

Rheinböllerhütte: Villa der Familie Carl (III.) Puricelli. In dem sogenannten Carl's Haus fanden die Literaturkreise mit Georg Ebers statt. Linke Bildhälfte: Lagerplatz für Gußformen zur Herstellung von Öfen und Herden, die in der unmittelbar angrenzenden „Neuhütte" zum Einsatz kamen. – Photographie von Olga Kirsch-Puricelli um 1900.

1860-1896 widmete sich Fanny Puricelli parallel zu ihren Reisen einer intensiven Spenden-, Stiftungs- und Patronatstätigkeit[14] im öffentlichen und kirchlichen Bereich.

In diese Zeit fällt die Freundschaft mit dem Trierer Bischof Michael Felix Korum (1840-1921), mit der Folge, daß manche Gemeinde im Soonwald und auch an der Nahe nach dem Kulturkampf (wieder) einen eigenen Pfarrer und damit regelmäßig Gottesdienst und Seelsorge erhielt. So manche neu dotierte Pfarrstelle ging auf Puricelli'sche Interventionen in Trier zurück.

Fanny starb am 16. November 1896 in ihrer Villa zu Bretzenheim/Nahe nach langer Krankheit. Pflegerin und Sachwalterin war die ehemalige Nonne und Lehrerin Jenny Roth († 1902), die auch diverse Legate der Verstorbenen ausführte.

Bereits der kurze biographische Überblick und ein Resümee der Stiftungstätigkeit von Fanny Puricelli verdeutlichen das Ausmaß und den Stellenwert, der ihr regional und überregional zukommt:

- 2 Krankenhäuser (Bad Kreuznach, St. Franziska-

Totenzettel der Franziska Puricelli vom 16. November 1896.

stift[15] und Rheinböllen als Teil der Stiftung Puricelli)
- 1 Waisenhaus (Rheinböllen)
- 4 Kapellen (2 in Rheinböllen, eine in Daxweiler und eine in Erbach – teilweise zusammen mit Carl (III.) Puricelli).
- Hauptförderin und Patronin der katholischen Pfarrkirchen in Rheinböllen und in Seibersbach in ihrer Errichtungsphase.
- Beteiligung an der Erbauung bzw. Renovierung von ca. 10 katholischen Pfarrkirchen und Pfarrhäusern sowie deren Ausstattungen. So gehen ca. 20 kostbare Monstranzen, Reliquiare, Kelche, Vortragekreuze etc. auf Fanny zurück. Hinzu kommt eine hohe Zahl an schönen und schönsten liturgischen Textilien, Altären, Kanzeln, kunstvollen Glasmalereien sowie Orgeln für den römisch-katholischen Kultus an der Nahe und im Soonwald (vgl. Farbabbildung auf S. 60).
- Während des Kulturkampfes 1872-1882 leistete Fanny Puricelli Unterhaltszahlungen für 19 Geistliche, die ihre Pfarreien wohl meist im östlichen Hunsrück betreuten. Die später entsperrten Gelder verblieben oftmals in Form von Bedürftigenzuwendungen und liturgischen Neuanschaffungen in den betroffenen Gemeinden.
- Schließlich unterstützte sie jahrzehntelang ärmere Bevölkerungsschichten in ihrem Umfeld – entweder direkt oder über die ortsansässigen Geistlichen, mit denen Franziska Puricelli häufig auch befreundet war.

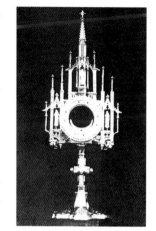

Kath. Pfarrgemeinde Dörrebach: Monstranz von A. Witte, Aachen. Das Schaugerät war eine Stiftung von Carl und Fanny Puricelli 1881. Gemäß Lagerbuch (Pfarrarchiv Stromberg) ist sie noch 1914 vorhanden gewesen und gilt als verschollen.

59

Eduard Puricelli (1826-1893). Photographie um 1870.

Hyazinthe Puricelli, geb. Recking (1832-1899). Photographie um 1880.

Kath. Pfarrgemeinde Dörrebach: Goldkasel mit gesticktem Pelikanmotiv. Stiftung von Franziska Puricelli um 1890.

Bei so viel Freigebigkeit, die aus ihrer Beteiligung an der Rheinböller Hütte finanziert wurde,[16] muß die Frage nach den Gründen gestellt werden, wobei die Beantwortung nur hypothetischen Charakters sein kann:

Fannys persönliche Frömmigkeit spielte sicher die dominierende Rolle. Das daraus resultierende karitative Handeln war ihr durch das elterliche Vorbild wohl vertraut. Ihrer sozialen Verantwortung als Industriellentochter und -gemahlin sollte sie ein Leben lang gerecht werden. Hinzu kamen äußere Einflüsse, das Ansteigen der Bevölkerung, die Aufhebung von die Gemeinden belastenden Simultanverhältnissen und der oft schlechte Zustand der Kirchengebäude, der zum Handeln herausforderte. Gesellschaftlich waren die Puricelli mit Westfalen und den katholischen Rheinlanden verbunden, die in Kulturkampfzeiten protestantisch-preußische Profanierungstendenzen in Erziehungs- und Kultusangelegenheiten abzuwehren versuchten und auch abwehrten. Als Symbol hierfür muß das von Fanny's Bruder und Schwägerin, Eduard und Hyazinthe Puricelli, gegen Ende des 19. Jahrhunderts gestiftete Diözesanwaisenhaus "Helenenberg" in Welschbillig bei Trier gesehen werden.

Schließlich wurde Franziska Puricelli auf ihrem Totenzettel *"ein unerschöpflicher Eifer für die Zierde des Hauses Gottes"* bescheinigt, womit deutlich wird, daß ihr eine qualität- und geschmackvolle Ausstattung der von ihr mitgetragenen Kirchen-, Waisenhaus- und Krankenhausbauten – auch angesichts der großen Verluste in der Franzosenzeit – eine Herzensangelegenheit war.

So kannte sie die führenden Künstler des Rheinlandes persönlich – den Architekten und Neugotiker Vincenz Statz (Köln), dessen Schüler Heinrich Wiethase (Köln), Ludwig Becker (Mainz), Max Meckel (Limburg und Freiburg), den Kreisbaumeister Sasse aus Simmern – die Goldschmiede Eduard Schürmann (Frankfurt/M.), Carl Ludwig (Trier), Brems-Varain (Trier) und August Witte (Aachen). Bei letzteren gab Fanny die Objekte in Auftrag, mit denen sie ihre Bauwerke auszuschmücken gedachte. Gleiches galt für ihre privaten Andachtsräume. Später sollte sie das kostbare Inventar größtenteils ihren Heimatgemeinden schenken oder vermachen.

Als letzter Aspekt muß die Tatsache angesprochen werden, daß sich Fanny mit zunehmendem Alter von ihrer eigenen Familie entfremdete: Zum einen führte sie mit ihrem Mann Carl (III.) Puricelli trotz gemeinsamer Stiftungswerke eine nicht sehr glückliche Ehe. Es ist daher vorstellbar, daß sie sich unabhängig von der Familie einen eigenen Wirkungskreis aufbauen wollte und dies im Rahmen der gesellschaftlichen Möglichkeiten auch tat. – Zum anderen litt sie unter der Kinderlosigkeit ihres Sohnes Heinrich, so daß sie wahrscheinlich schon früh ahnte, daß ihre

Carl (III.) Puricelli (1824-1911). Photographie um 1885, wahrscheinlich von J. B. Hilsdorf (Bingen).

Franziska Puricelli (1830-1896). Photographie um 1885, wahrscheinlich von J. B. Hilsdorf (Bingen).

Linie aussterben würde. Ähnliche Überlegungen waren wohl mitverantwortlich für die Blindenheimstiftung "Sophienhaus"[17] von Carl (III.) Puricelli in Bingen 1905. Ein bedeutender Teil des Puricelli'schen Vermögens ging somit in sozialkirchlichen Zweckbestimmungen auf, die heute noch ihre Aufgaben erfüllen.

4. Zusammenfassung

Es wurde an dieser Stelle versucht, die Puricelli als erfolgreiche Unternehmer und mitgestaltende Stifter ihrer Zeit im Rhein-Mosel-Naheraum vorzustellen.

Noch einmal, ein letztes Mal, entschied sich die Familie, vertreten durch Baronin Clara Kirsch-Puricelli (1902-1993), durch ein mehrjähriges privates Sozialengagement in Erscheinung zu treten. Dies war die "St. Clara Haushaltungsschule" auf der Stromberger Neuhütte, die von 1950 bis 1957 existierte. In den schlechten Nachkriegsjahren erhielten ca. 200 Schwestern und Mädchen aus dem Hunsrück gegen geringes Entgelt Schulunterricht und Unterweisung in hauswirtschaftlichen Disziplinen.

Mit Baronin Clara Kirsch-Puricelli ist der Name Puricelli nach ca. 330 Jahren in Deutschland ausgestorben. In weiblicher Linie leben die Puricelli allerdings in den Familien Schorlemer und Plettenberg fort.

Anhang

Im Nachfolgenden wird der vollständige Wortlaut zweier Zeitungsartikel wiedergegeben. Sie erschienen 25 und 30 Jahre nach dem Tode von Franziska Puricelli und mögen für das Nachleben dieser bedeutenden Frau stehen:

Kreuznacher Zeitung = Öffentlicher Anzeiger
vom 22. November 1921:
"Frau Puricelli.

Bretzenheim, 22. Nov. Heute vor 25 Jahren wurde zur letzten Ruhe bestattet Frau Fanny Puricelli. Sie spendete große Summen für Missionen, Waisenhäuser, Kirchen usw. Wenn so mancher Seelsorger beim Neubau seiner Kirche am Ende seiner Mittel war, dann war bei ihr immer Hilfe zu finden. Das Waisenhaus nebst herrlicher Kapelle in Rheinböllen ist nach ihrer Anregung gebaut worden, und die Verewigte im Verein mit ihrem verstorbenen Gemahl, Karl Puricelli, haben alle Mittel gestiftet. Das Franziskakrankenhaus in Kreuznach erinnert ebenfalls an Fanny Puricelli; sie stiftete die Bausumme für das Heim, zur Erinnerung an ihre Schwiegertochter, Frau Johanna Puricelli, welche einige Jahre früher im Schloß Bangert zu Kreuznach starb.

Die Mittel zum Saale des Gesellenhauses stammen ebenfalls in der Hauptsache von ihr. Männer, die es heute zu angesehenen Stellungen gebracht haben, haben es nur zu dieser Existenz gebracht, weil sie in ihrem Studiengang von der hochherzigen Gönnerin kräftig unterstützt wurden. In den letzten Jahren war die edle Dame stets ans Bett gefesselt: da fand sie eine treue Pflegerin und Sachwalterin in Frl. Roth, einer früheren Lehrerin. Ihr einziger Gedanke auf ihrem Schmerzenslager war die Sorge für Notleidende. In ihrer Villa hier starb sie. Beerdigt wurde diese mustergültige Nachfahrin einer hl. Elisabeth in der Gruft der Waisenhauskapelle zu Rheinböllen. Ihr Gemahl fand seine Ruhestätte in dem von ihm gestifteten Blindenheim zu Bingen."[18]

Öffentlicher Anzeiger vom 25. November 1926:
"Eine Wohltäterin der Menschheit.

Bretzenheim. Es sind jetzt 30 Jahre her, daß eine große Wohltäterin zur letzten Ruhe bestattet wurde, Frau Fanny Puricelli. Für alle edlen Zwecke gab sie mit vollen Händen, und wenn es gerade Not tat, sogar das letzte Kapital her. In den letzten Jahren ihres Lebens erhielt alleine eine Firma für kirchliche Gewänder 50.000 bis 60.000 Mark. U. a. schenkte sie der Pfarrei in Kirn einen kunstvollen Hochaltar. Ueberhaupt fanden Kirchenbauten in ihr die beste Förderin. Im Verein mit ihrem Gemahl, Karl Puricelli, baute sie das Waisenhaus nebst Kapelle in Rheinböllen mit einem Kostenaufwand von 300.000 Mark. Auch manchem jungen Mann verhalf sie zum Studium. Sie war in ihrem Auftreten eine hohe und edle Erscheinung. Auch des Lebens Leid blieb ihr nicht erspart. Ihre Leiche wurde in der Totengruft unter dem Chore der Waisenhauskapelle auf der Rheinböllerhütte beigesetzt."[19]

Rheinböllen, Stiftung Puricelli: Kapelle mit der Gruft von Franziska Puricelli. Photo von 1982.

Anmerkungen

1) Überarbeitete und erweiterte Version eines Vortrages, gehalten am 17. November 1996 in der Waisenhauskapelle der Puricelli'schen Stiftung zu Rheinböllen – anläßlich des 100. Todestages von Franziska Puricelli.

2) So war 1912 die Stromberger Neuhütte von der Familie Wandesleben gekauft worden. 1932 entschlossen sich die neuen Eigentümer selbige stillzulegen.

3) Ebers, G.: Die Geschichte meines Lebens, Stuttgart und Leipzig 1893, S. 473

4) Matrone nach matrona (lat.): Im 19. Jahrhundert wurde das Wort Matrone im antiken Sinne gebraucht. Damals verwendete man den Ausdruck für eine ehrenwerte verheiratete Frau, die selbst bei Gericht nicht berührt werden durfte.

5) Einen Einblick in das Institutsleben zur Zeit von Franziska Puricelli gibt das Buch einer anonymen Verfasserin, die Erziehungsschwester im Pensionat war: Aus dem Institut ins Leben, oder Mädchenträume und Wirklichkeit, St. Gallen 1861.

6) Orthographie und Interpunktur wurden beibehalten.

7) Die Trauung wurde vom Dechanten Rummel aus Kreuznach vollzogen. Die Traurede (*"Ansprache bei der kirchlichen Trauung des Herrn Carl Puricelli und des Frauleins Franzisca Puricelli, gehalten in der Pfarrkirche zu Stromberg am 8. Februar 1851."*) liegt vor und ist seinerzeit bei Louis Adolph Pütz in Kreuznach gedruckt worden.

8) Zu Ebers vgl. Koenig, R.: Deutsche Literaturgeschichte, Bielefeld und Leipzig 1879, S. 765 ff. – Eingesehenes Exemplar in der Bibliothek Burg Reichenstein mit handschriftlichem Besitzeintrag "Fanny Puricelli".

9) Ebers, ebenda, S. 473 ff.

10) Die Verse sind nur in Abschriften überliefert. Das Ebers'sche Original scheint verloren zu sein.

11) In der Sprechweise der Zeit verstand man unter Magersucht die "Abnehmungskrankheit" (vgl. auch Totenzettel).

12) Weitere Ebers-Bücher mit handschriftlichen Widmungen des Verfassers an Fanny Puricelli in Privatbesitz sind:

* Die Frau Bürgemeisterin (Roman), Stuttgart und Leipzig 1882: *Seiner lieben und verehrten Freundin Frau Fanni Puricelli sendet dies erste Exemplar seiner Frau Bürgemeisterin mit herzlichen Grüßen der Verfasser Georg Ebers Leipzig, den 27. November 81.*

* Serapis (Historischer Roman), Stuttgart und Leipzig 1885: *Frau Fanny Puricelli in alter treuer Freundschaft der Verfasser Georg Ebers Leipzig. d. 2 Dec. 84.*

* Die Nilbraut (Roman), Stuttgart und Leipzig 1887 (3. Auflage): *Seiner lieben, verehrten Freundin Fanny Puricelli in alter unwandelbarer Freund(schaft) der Verfasser Georg Ebers Leipzig. d. 30. Nov. 86.*

13) Eingelegte Möbel und Bücher, die Fanny Puricelli ihrerzeit in Paris erworben hatte, können auf der ehemals Kirsch-Puricelli'schen Burg Reichenstein bei Trechtingshausen (heute: Familie Egon Schmitz) besichtigt werden.

14) So bspw. am 19. Juni 1871: Anläßlich der Spendung des Sakramentes der hl. Firmung durch Weihbischof J. J. Krafft in der Rheinböller Pfarrkirche war Fanny Puricelli allgemeine Firmpatin für die Mädchen.

15) Zum Franziskastift vgl. die Abhandlung von Prof. Rüddel in diesem Band.

16) In einer vor dem Notar August Dimroth (Grünstadt) 1877 durchgeführten innerfamiliären Vermögensauseinandersetzung

erhielt Fanny folgende Positionen: 100.000 RM an Hypotheken in Mainz, eine Beteiligung über 100.000 RM an der „Actienbrauerei" in Bingen sowie 20.000 RM an Barmitteln. – 1896 finden sich in ihrem Nachlasse neben ihrem Anteil an der Rheinböller Hütte eine Beteiligung an den Krefelder Gaswerken, vier landwirtschaftliche Güter sowie diverse Hypotheken in Aachen, Berlin, Bremen, Friedenau, Hechtsheim, Kreuznach, Mainz und Rheindürkheim. Zwei Häuser in Paris dürften spätestens im I. Weltkrieg verloren gegangen sein.

17) In Bingen waren um die Jahrhundertwende die wichtigsten Sozialeinrichtungen bis auf ein Blindenheim schon vorhanden. Puricelli gab jenem zum Andenken an seine Mutter Sophie Puricelli (1802-1881), geb. Wirtz, den Namen "Sophienhaus".

18) Richtig ist, daß Carl (III.) Puricelli 1905 in Bingen das dortige Blindenheim gestiftet hat. Die Familiengruft der Binger Puricelli, von der sich das Grabdenkmal erhalten hat und in der auch Carl bestattet wurde, befindet sich allerdings auf dem (alten) Binger Friedhof.

Quellenangaben:

Kirchenarchive (Lagerbücher, Inventare, Chroniken etc.) in den Kreisen Bad Kreuznach und Simmern
Unterlagen in Privatbesitz

Literaturangaben:

Brandenburg, H.-C.: Das Geschlecht der Puricelli in Süd-Westdeutschland. Eine genealogische Darstellung, in: Landeskundliche Vierteljahresblätter, Nr. 2 (Jg. 36); Trier 1990; korrigiertes und vermehrtes Manuskript

Dehio, G.: Handbuch der deutschen Kunstdenkmäler, Band Rheinland-Pfalz (bearbeitet von Caspary, H; u. a.); München 1984
Ebers, G.: Die Geschichte meines Lebens; Stuttgart und Leipzig 1893
Meyers Großes Konversations-Lexikon; Leipzig und Wien 1908 (6. Auflage)
Plettenberg, C. Graf von: Die Familie Puricelli als Auftraggeber der Binger Photographen Johann Baptist und Jacob Hilsdorf, in: Jahrbuch (Nr. 19) der Historischen Gesellschaft Bingen e. V.; Bingen 1996
Schmitt, R.: Geschichte der Rheinböller Hütte; Köln 1961 (Schriften zur rheinisch-westfälischen Wirtschaftsgeschichte)
Treitz, J.: Michael Korum, Bischof, Lebens- und Zeitbild; München, Rom 1925
o. V.: Puricellis verstanden Vermögen als Verpflichtung, in: Oeffentlicher Anzeiger vom 12. 11. 1996 (Nr. 263)

Franz Ronig

Einige kunstgeschichtliche Aspekte zu der sozial-religiösen Stiftung der Familie Puricelli in Rheinböllen

Unter den Stiftungen des späten 19. Jahrhunderts im Bereich der Diözese Trier ragen jene der Familie Puricelli weit hervor. Es geht dabei um das Eduardstift in Helenenberg (Gemeinde Welschbillig bei Trier),[1] das Franziskastift in Bad Kreuznach und die Puricelli'sche Stiftung in Rheinböllen. Bei der Stiftung in Rheinböllen handelt es sich um ein Waisenhaus und ein Krankenhaus mit dazugehöriger Kapelle. Außerdem und darüber hinaus bedachten die Puricelli viele einzelne Kirchen, besonders auf dem Hunsrück, mit opulenten Geschenken, wie Orgeln, Paramenten, Buntglasfenstern und Heiligen Gefäßen (Vasa Sacra) für den Gottesdienst. Auch der Trierer Dom verdankt einige seiner wertvollen liturgischen Geräte Puricelli'schen Stiftungen.

Auch sozialgeschichtlich sind diese Stiftungen von nicht geringem Interesse. Fallen sie doch in eine Zeit, da die Fürsorge für die sozialen Belange der Arbeiter noch nicht von der öffentlichen Hand, sondern weitgehend von den Großunternehmern (in einer Art Fortführung der alten Patronatsverantwortung) wahrgenommen wurde. Es ist hier nicht der Ort, darauf genauer einzugehen. Allerdings sollte soviel bedacht werden, daß die sozialpolitische Funktion und Bedeutung mit in die Betrachtung einfließt. Dabei ist die christlich-religiöse Motivation gerade bei Franziska Puricelli als nicht gering anzusetzen; hier wurzelt das

Gefühl der sozialen Verpflichtung in religiöser Verantwortung. Sozialverpflichtung wurde aus christlichem Geist verstanden; ja geradezu in der christlichen Verpflichtung sahen Menschen wie Franziska Puricelli das Movens ihrer Tätigkeit. Hier ist auf entsprechende Tätigkeiten damaliger Großunternehmer wie Villeroy & Boch, Stumm-Halberg u. a. zu verweisen, die im Vorfeld der Bismarckschen Sozialgesetzgebung von 1881-1889 entsprechende Leistungen erbracht hatten.[2]

Der Verfasser dieser Zeilen wurde erstmals auf die kunsthistorische Bedeutung dieser Stiftungen aufmerksam, als es im Jahre 1968 darum ging, das Innere der Waisen- und Krankenhauskirche[3] in Rheinböllen zu restaurieren. Es war dies zu einer Zeit, da man als Kunsthistoriker und Denkmalpfleger von den Kollegen noch mitleidig belächelt wurde, wenn man sich für die Erhaltung und die Pflege der Werke des Späthistorismus einsetzte. – Es lag damals ein fertig ausgearbeiteter Plan vor, das Innere des neugotischen Kirchleins neu anzustreichen, wobei die reiche Ornamentbemalung zu Gunsten einer sogenannten Klarheit und Reinheit der architektonischen Formen verschwinden sollte; das war der Zug der damaligen Zeit. Bei einem Besuch in Rheinböllen (11. Nov. 1968) und in Gesprächen mit den Verantwortlichen[4] gelang es, die noch original vorhandene Innenhaut im wesentlichen zu retten (Veränderungen sind weiter unten vermerkt). Bei einer weiteren Besprechung am 22. Jan. 1969 war Baron Dr. Paul von Kirsch-Puricelli[5] selbst dabei. – Dieses kleine Erlebnis soll zeigen, wie problematisch in den 1960er Jahren der Umgang mit den Werken des späten 19. Jahrhunderts war. – Damals konnte ich mit einem Blick auf die liturgischen Geräte einen ersten Eindruck von dem inneren Reichtum gewinnen, der mit der Stiftung gegeben war.

Franziska Puricelli (1830-1896), verheiratet mit (ihrem Cousin) Carl III. Puricelli (1824-1911) war die geistige und finanzielle Urheberin der Rheinböller Stiftung.[6] Ihre 1862 gestorbene Schwester Jenny hatte bereits ihr Vermögen für ein Waisenhaus in Rheinböllen gestiftet; erste Gebäude waren schon errichtet, wurden aber später weitgehend wieder aufgegeben. Franziska trat in ihre Fußstapfen und machte die Stiftung zu dem, was schließlich daraus geworden ist.

In den Jahren 1884-85 wurde das Waisenhaus erbaut, die Kirche folgte 1887-88. Am 9. Juli des Jahres 1891 wurde sie von Weihbischof Heinrich Feiten auf den Titel der Unbefleckten Empfängnis der Mutttergottes geweiht.

Die Gebäude bedürften noch einer genaueren Untersuchung und Beschreibung. Für die Planung wurde der in Köln ansässige Architekt Heinrich Johann WIETHASE gewonnen.[7] Die architektonische Gestaltung des Ensembles von Kirche, Krankenhaus und Waisenhaus etc., von einer Umfassungsmauer umgeben, folgt – dem Stil der späten Neugotik entsprechend – ausgespro-

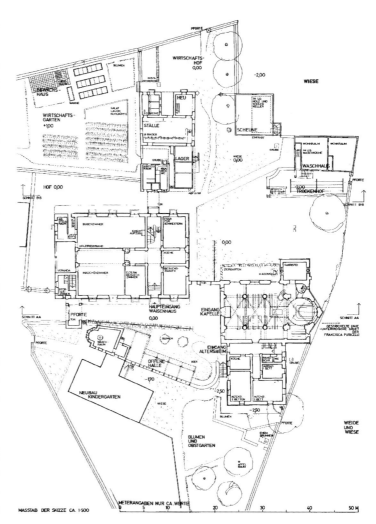

Rheinböllen. Ehem. Waisenhaus. Gesamtgrundriß (1971). (Aus: Die Kunstdenkmäler des Rhein-Hunsrück-Kreises, Teil 1, 2. Bd., München 1977, S. 817).

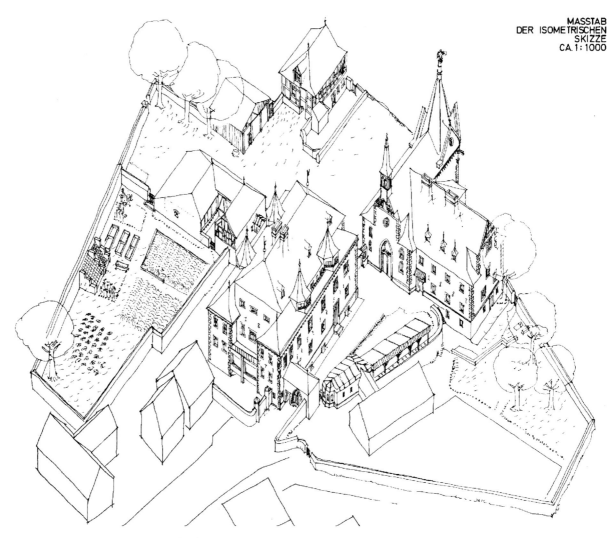

Rheinböllen. Ehem. Waisenhaus. Isometrie (1971). (Aus: Die Kunstdenkmäler des Rhein-Hunsrück-Kreises, Teil 1, 2. Bd., München 1977, S. 820).

chen malerischen (im Sinne von "pittoresken") Ideen. Insofern spielen symmetrische Achsbeziehungen so gut wie keine Rolle. Der Blick aus verschiedenen Winkeln in der Landschaft offenbart diese Charakteristik: Die Gebäude sind im Gesamtplan so gruppiert, daß es so gut wie keine Hauptansichtsseite gibt; jeder Blickwinkel ergibt andere Perspektiven. Diesem malerischen Grundcharakter entspricht die Behandlung der Baukörper bis ins Detail. Auch die Wahl der (sichtbar belassenen) Baumaterialien – Schieferbruchstein, Sandstein, Fachwerk – folgt diesem malerischen Konzept. Die Eck- und Randverquaderungen in Sandstein unterstützen den malerischen Eindruck. Man fühlt sich fast in die Märchenillustrationen eines Ludwig Richter versetzt.

Durch eine größere Torbogenarchitektur – ein regelrechtes Pfortenhaus – betritt man den Haupthof der Anlage. Die geostete Kapelle bildet mit dem südlich angesetzten Krankenhaus einen zusammenhängenden Baukörper und ist mit dem versetzt vorgelagerten Waisenhaus durch eine flache Torbogenarchitektur verbunden. Der First des Krankenhauses steht rechtwinklig zum First der Kapelle, liegt aber, der Bedeutung entsprechend, ein wenig tiefer als dieser.

Die klare Symmetrie der KAPELLENFASSADE ist wegen des dicht an, ja sogar ein wenig in die frontale Sichtachse hineingerückten Waisenhauses und durch das rechts anschließende Krankenhaus ihrer strengen Wirkung (absichtlich) beraubt; alles schließt sich zu einem locker wirkenden Ensemble zusammen. Der Giebel ist von einem Dachreiter auf quadratischem Grundriß bekrönt. Seine Wucht ist dadurch gemindert, daß er über einer zierlich wirkenden Fachwerkkonsole vorkragt.

Das MITTELPORTAL ist durch die in die Trichterform eingestellten Säulchen resp. Dienste dreifach zurückgetreppt und durch die rote Sandsteinumrahmung mit dem Tympanon zu einer Einheit zusammengefaßt. Auf einem mit Blättern geschmückten Sturz sitzt das aus weißem Sandstein gearbeitete Tympanon[8] und bildet so einen deutlichen Farbkontrast. In hohem Relief zeigt es eine Darstellung der thronenden Muttergottes mit dem auf ihrem rechten Knie stehenden und sich Franziska Puricelli zuwendendem Jesuskind. Die beiden Stifterfiguren Eugénie (als unverheiratete Frau ohne Schleier) und Franziska Puricelli knien rechts und links; Franziska (mit Schleier als verheiratete Frau) bringt das Kirchenmodell Maria und dem Jesuskind dar. Über Maria schweben zwei Engel und halten eine Krone über ihr Haupt. Ein aus hängenden Dreipässen gebildeter Vorhang[9] sitzt in einer räumlichen Ebene vor dem Tympanon.

Rheinböllen, Stiftung Puricelli: Tympanon der Kapelle (1980).

Im Archiv des Hauses befindet sich ein altes Photo, das eine sorgfältig ausgeführte ENTWURFSPERSPEKTIVE als Ansicht zeigt (Wiethase). Darauf hat das Portal eine etwas andere Gestalt: Ein (nicht ausgeführtes) Gesims trennt das Erdgeschoß vom Obergeschoß und umfährt stufenförmig die Portalarchitektur. In das so entstehende Rechteck ist das Tympanon eingestellt. Durch dieses Gesims wären die Fenster deutlich auf zwei Geschosse verteilt. Auch die Fensterordnung differiert ein wenig: Im Entwurf sitzt über dem Portal ein größeres Spitzbogenfenster, während ein kleines Rundfenster ausgeführt wurde (vgl. die Abb. auf den Sn. 36 u. 68). – Ansonsten stimmt die erbaute Architektur von Kapelle, Krankenhaus und Waisenhaus ziemlich genau mit der Ansichtszeichnung überein.

Den CHORABSCHLUSS bildet ein Dreieck,[10] dessen stumpfer Winkel wie ein Schiffsbug gegen Osten zeigt.[11] Daher gibt es kein Mittelfenster, sondern nur zwei den Bug flankierende Chorfenster. Da so der Chorraum von vier Seiten eines Sechsecks begrenzt wird, ist auch das spitze Chordach[12] mit einem sechsseitigen Pyramidenhelm bekrönt. Die vier Seiten des Sechsecks sind mit spitzen Dreiecksgiebeln bekrönt, "hinter" denen die schiefergedeckte Pyramide aufwächst.[13] Auf der bekrönenden Kreuzblume steht ein posauneblasender Engel, der sich der aufgehenden Sonne zuwendet (vgl. Farbtafel auf S. 63).

Das INNERE der drei Joche langen Kapelle ist eine eigenwillige Variation des Raumtyps einer dreischiffigen Halle. Da das Mittelschiff relativ breit angelegt ist, haben die Seitenschiffe den Charakter begleitender Durchgänge.[14] Sie sind mit (wohl als Widerlager dienenden) querliegenden Spitztonnen gewölbt; diese setzen auf jenen Schwibbögen an, die die hohen Rundpfeiler mit den Außenwänden verbinden. – Der Chor- und Altarraum ist durch die schon oben erwähnte Eigenart bestimmt, daß er auf vier Seiten eines Sechsecks aufgebaut ist und daher an Stelle eines Mittelfensters ein pfeilerartiges Mauerstück aufweist. Infolgedesen besitzt er kein Mittelfenster, sondern vier Fenster – zwei rechts und zwei links. Ein großer und kräftig profilierter Triumphbogen vermittelt zwischen Schiff und Chor. In der Verlängerung des rechten Seitenschiffes ist rechts vom Chor ein PRIVATORATORIUM eingebaut. Auf der linken Seite befindet sich der Zugang zur Sakristei.

Die EMPORE[15] ist als eine Zimmermanns- und Schreinerkonstruktion zwischen Pfeiler und Außenwände gesetzt und ruht auf Holzkonsolen. Die Brüstung ist im Rahmen-Füllungs-System konstruiert, besetzt das ganze Westjoch und greift auf das nächste Seitenschiffsjoch des Südseitenschiffes über – bildet also eine asymmetrische Anlage. Die Füllungen sind wie gefaltete Elemente geschnitzt. Der natürliche Holzton dominiert; nur wenige Ornamente sind farbig belebt. Das dreigliedrige neugotische ORGELGEHÄUSE steht in der Mitte des Westjoches und reicht mit seinen Ornamenten fast bis an die Gewölbe. Die Orgel ist ein Werk des Orgelbaumeisters Stockhausen aus Linz am Rhein. Es wurde 1890 mit acht Registern erbaut und ist noch erhalten.

Einen fast integralen Bestandteil der Architektur bilden die FARBFASSUNG und die AUSMALUNG des Raumes. Als Maler wird Carl Will angegeben.[16] Meisterlich komponierte und sorg-

Rheinböllen, Stiftung Puricelli: Inneres der Kapelle nach Osten (1980).   *Rheinböllen, Stiftung Puricelli: Inneres der Kapelle nach Westen (1980).*   71

fältig gemalte Akanthusranken und -blüten beleben in freier Variation in reichem Maße die Gewölbezwickel und fassen die Zonen um die Schlußsteine. Die Fensterlaibungen des Chores sind reich ornamentiert und von gemalten Krabben eingefaßt. In den Gewölbekappen des Chores flattern Spruchbänder. – Bei der Restaurierung 1968/69 mußten aus Kostengründen leider einige Vereinfachungen der Bemalung in Kauf genommen werden. So wurden die Ornamente auf der Unterseite des Triumphbogens übermalt; die Sockelbemalung der Rundpfeiler[17] wurde aufgegeben; der reiche Ornamentteppich der Sockelzone wurde farblich etwas aufgehellt, blieb aber als solcher erhalten. – Zu den Kosten der (eigentlichen) Restaurierungsarbeiten in Höhe von 9.650,– DM wurde (1969) seitens der Kirchlichen Denkmalpflege des Bistums Trier eine Beihilfe von 2.500,– gegeben.

Ein neuerdings aufgetauchtes altes (undatiertes) Photo des Altarraumes[18] zeigt einen älteren Zustand der Ausmalung. Die Ornamentierung der Gewölbe, der Fensterlaibungen samt den Krabben, auch die Sockelbemalung sind zu sehen. Außerdem weisen die weißen Wände eine Quaderung in dunklen Strichen auf. Sogar die Lisenen und Dienste im Chor, auch der Triumphbogen, sind hell gefaßt und gequadert. Dieser Zustand war bereits 1967 nicht mehr vorhanden.

Die Texte der SPRUCHBÄNDER in den Chorgewölben beziehen sich auf die Jugendgeschichte Jesu und damit zugleich auf Maria, die Patronin der Kirche. Es handelt sich um die fünf Gesätze (Geheimnisse) des "Freudenreichen Rosenkranzes". Der Zyklus beginnt oben links: *"Quem virgo concepisti (den du, o Jungfrau,*

empfangen hast) – Quem visitando Elisabeth portasti (den du, o Jungfrau, zu Elisabeth getragen hast) – Quem virgo peperisti (den du, o. Jungfrau, geboren hast) – Quem in templo praesentasti (den du, o Jungfrau, im Tempel aufgeopfert hast) – Quem in templo invenisti (den du im Tempel wiedergefunden hast)." Dieses letzte Gesätz ist bezeichnenderweise in das mittlere Gewölbesegel gesetzt; der Besucher der Kirche und des Gottesdienstes findet ebenfalls Jesus (mit Maria) im Tempel, jetzt in der Kirche, wieder. So ist über die meditative Vergegenwärtigung der Fünf Geheimnisse im Geist des Beters hinaus eine Deutung auf das Kirchengebäude und die Feier der Liturgie gegeben.

Einen formal integralen Bestandteil der Raumfassung bilden die BILDER DES KREUZWEGES. Sie sind hier nicht wie sonst als gerahmte Tafelbilder in einer mehr oder weniger guten, festen oder lockeren Ordnung auf die Wände gehängt; in der Rheinbölller Waisenhauskirche gehören sie zur architektonisch behandelten Sockelbemalung, in deren Rahmenwerk sie als kleine Täfelchen eingegliedert sind. Dadurch wirken sie architekturverbunden und erhalten einen tektonisch festen Halt.

Der in Mosaik ausgeführte BODENBELAG ist in das künstlerische und theologische Konzept der Kirche einbezogen. Der Belag des Schiffes weist eine geometrische Konzeption auf. Die Rechtecke rechts und links vom Mittelgang sind durch Halbkreisbänder gegliedert, die sich durchdringen. Den Mittelgang schmückt ein großes Rosenornament, das in kleiner Form in einem der Fenster wiederkehrt. – Den Chorboden bedeckt ein großer Kreis (nur teilweise sichtbar) mit den Medaillons der 12 Sternbilder, mit den Bildern von Sonne, Mond und Sternen. Eine Inschrift wiederholt die ersten Verse des Staffelgebetes der (alten) Liturgie: *"Introibo ad altare dei, ad deum qui laetificat animam meam – Ich will hintreten zum Altare Gottes, zu Gott, der meine Seele erfreut."* (Ps. 42) Mit diesem täglich vom Priester und den Ministranten vor den Altarstufen gesprochenem Psalm ist der Hinweis auf das hier gefeierte Mysterium gegeben; die kosmischen Symbole des Himmels weisen auf den Ablauf der Zeit und damit auf den Kreislauf des liturgischen Kirchenjahres hin.

Die FENSTER sind insgesamt, die des Chorraumes aufs sorgfältigste gestaltet.[19] Die Fenster des Schiffes weisen in der Fläche weiße "Flaschenböden" auf; die Randstreifen sind mit einem räumlich wirkenden Akanthus sorgfältigster Zeichnung ornamentiert. – Ein kleines Fenster in Rautenverglasung ist alternierend mit Fleur-de-Lys und achtblättrigen Rosen geschmückt. Das Rosenmuster kehrt auf dem Fußbodenmosaik wieder (s. o.).

Die beiden seitlichen Chorfenster sollen mit ihrer rein ornamentalen Verglasung als "Laternenfenster" Licht in den Chorraum bringen. – Die beiden Mittelfenster zeigen Christus am Kreuz und den auferstandenen Christus – ihnen zu Füßen das Stifterehepaar mit ihren heiligen Patronen: St. Karl Borromäus und St. Franziska von Rom.

Der Gekreuzigte ist (wegen des Maßwerkes) auf die rechte Seite des zweibahnigen Fensters gerückt. Sonne und Mond sind dem Couronnement des Maßwerkes einbeschrieben. Engel fangen in Kelchen das Blut aus den Wunden der Hände auf. Unter dem rechten Arm und damit im Bereich der Seitenwunde erscheint das Rheinböller Waisenhaus mit seiner Kapelle: Hier ist der Ort, wo auf dem Altar Christus mit seinem Blute geheimnisvoll-sakramental gegenwärtig wird. Die Kapellenfassade ist auf dem Glasbild nach dem (im Photo erhaltenen) älteren Entwurf (s. o.) gestaltet. Unter dem Kreuz stehen Maria und die frommen Frauen, Johannes und Josef von Arimathäa, der Hauptmann; Maria Magdalena kniet unter den Füßen Jesu und hält das Kreuz umfangen. – In einem unteren Bildfeld ist Carl Puricelli in seinem Oratorium dargestellt; er kniet auf einem Betschemel vor seinem Patron, dem heiligen Karl Borromäus von Mailand: *"Sanctus Carolus Borromäus, ora pro nobis."* Der Heilige ist bekleidet mit den Pontifikalgewändern und hält dem Beter ein Kruzifix vor die Augen. Carl Puricelli trägt einen dunkelroten Samtmantel mit weißem Pelzbesatz; außerdem eine kleine Brille wie auch auf dem photographischen Altersporträt.[20] – Eine Inschrift im untersten Streifen nimmt Bezug auf den Kreuzestod Christi: *"Passus pro salute nostra descendit ad inferos – Gelitten für unser Heil, stieg er zur Unterwelt hinab."*

Im rechten Fenster ist die AUFERSTEHUNG Christi dargestellt. Christus, die Siegesfahne in der Linken, die Rechte im Segensgestus, steht auf dem Sarkophag, aus dem strahlendes Licht wie Feuerflammen hervorbricht. Unter ihm liegen die schlaftrunkenen Grabeswächter; ihre Gewänder sind auf das kostbarste ornamentiert. Auf der rechten Seite ist oben in verkleinerter Fernsicht Christi Höllenfahrt dargestellt: er befreit die Seelen der Vorväter etc. aus der Unterwelt. Alpha und Omega sind wie leuchtende Sonnen ins Couronnement des Maßwerkes gesetzt.

Am Horizont erscheint die Himmlische Stadt, das Neue Jerusalem. – Im unteren Register kniet die Stifterin Franziska Puricelli vor ihrer Patronin, der heiligen Francisca Romana: *"Sancta Francisca romana."* Diese hat ein Buch in der Linken, weist mit der Rechten auf einen Korb mit Brot und schaut auf Franziska Puricelli. Hinter dem Brotkorb steht ein kleiner Engel (mit grünen Flügeln!) in Orantenhaltung, die Stola priesterlich vor der Brust gekreuzt. Die Schrift in dem Buch der hl. Franziska bedarf noch der Entzifferung. Auf dem Betschemel der Franziska Puricelli befindet sich ebenfalls ein aufgeschlagenes Buch, dessen Schrift noch zu entziffern ist. – Franziska Romana lebte von 1384 bis zum 2. März 1440 in Rom. Der kleine Engel in dem Glasfenster erinnert daran, daß die heilige Franziska stets ihren Engel sah. Sie beschrieb ihn so: "Er hat die Größe eines etwa neunjährigen Knaben; seine Haltung ist lieblich und erhaben zugleich."[21] Die heilige Franziska ist eines der großen Beispiele für christliche Armenfürsorge: für Kranke, Hungernde, allgemein Notleidende. Sie gründete eine Vereinigung von Helferinnen und richtete in ihrem Haus ein Spital ein. Insofern war sie für Franziska Puricelli die passende Patronin. – Die Inschrift des untersten Streifens aus dem linken Fenster läuft thematisch im rechten weiter: *"Surrexit de sepulchro, qui liberavit tres pueros – Er erstand aus dem Grab, der die drei Knaben befreite."* Rätselhaft ist, welche drei Knaben (tres pueros) von dem auferstandenen Christus befreit sein sollen.

Nun sind in dem PURICELLI'SCHEN WAPPEN, das (von einem Löwen gehalten) auf der Bankwange des kleinen Oratoriums zu sehen ist, drei Knaben dargestellt. In der Familientradition[22] werden die drei Knaben mit dem Familiennamen in Verbindung gebracht: Puricelli – pueri celi – Knaben des Himmels. Es müßte noch in der Familienchronik danach geforscht werden, ob diese drei Knaben im Wappen mit der Befreiung durch Christi Auferstehung in Verbindung gebracht werden.[23]

Die Möglichkeit einer Erklärung deutet sich indessen an, wenn man die frühchristliche Theologie und Symbolik zu Rate zieht. Dies ist keineswegs abwegig, war doch der große Erforscher der frühchristlichen Bilderwelt, Prälat Joseph Wilpert (1857–1944), ein Freund der Familie Puricelli und oft bei ihr zu Gast.[24] Sein Freund und wissenschaftlicher Kollege, Prälat Johann Peter Kirsch (1861–1941, Bruder des Nikolaus Kirsch-Puricelli), hatte Wilpert in der Familie eingeführt.[25] Aber das könnte vielleicht erst ab 1905 der Fall gewesen sein. Prälat Kirsch jedoch, ein Mitglied der Familie und ebenfalls ein bedeutender Erforscher des frühen Christentums, stand schon früher zur Verfügung. So könnte auch von ihm jene Deutung des Familienwappens stammen, die aus der Kenntnis der frühchristlichen Literatur die drei Knaben mit der Auferstehung in Verbindung bringt.

Im biblischen Bericht von den drei Jünglingen im Feuerofen und ihrer wunderbaren Errettung (Dan. 3,1-98) kommt eine Formulierung vor, die die Christen der Frühzeit aufhorchen ließ. Der König Nabuchodonosor sah bei den drei Jünglingen (pueri) im Feuerofen eine vierte Gestalt, von der er sagte: Sein Aussehen ist dem Sohne Gottes (filio Dei) ähnlich (Dan. 3,92). Und von dem Engel Gottes hieß es (Dan. 3,49): Der Engel des Herrn stieg herab (descendit) zu den Dreien in den Ofen. Bei diesen Worten klangen christologische Bedeutungen an.[26] *"Descendit"*: das ist geradezu das Wort, mit dem Christi Abstieg in die Unterwelt beschrieben wird! *"Filius Dei"*: Hier war letztlich in der Sicht mancher frühchristlicher Autoren – ja bis in die mittelalterliche Ikonographie hinein – Christus selbst gemeint.[27] So sah man in dem alttestamentlichen Bericht von den drei Knaben im Feuerofen (in einer geistlich-neutestamentlichen Leseweise) einen Hinweis auf die Rettung durch Christi Tod und Auferstehung. So konnten sich also auch die gläubigen "pueri celi", die Puricelli, eingereiht sehen in die Schar der durch Christi Abstieg und Auferstehung Geretteten.

Der HOCHALTAR ist als wandelbarer Flügelaltar angelegt und reich mit Reliefs und Malereien geschmückt. Heinrich Wiethase hat ihn entworfen;[28] die ausführenden Künstler sind nur zum Teil bekannt. – Der eigentliche Altar ist als Block und Mensa aus weißem Marmor hergestellt. Ecksäulchen mit farbig gefaßten Basen und Kapitellen "tragen" die Mensa. In von Astwerk umfaßten Feldern sind in leuchtendem Goldmosaik die Eherne Schlange[29] als Typos des rettenden Christus am Kreuz, Ähren und Weinstock als Zeichen der eucharistischen Gaben dargestellt.

In der Mitte des hochaufragenden Retabels aus Holz befindet sich das eucharistische Tabernakel mit kostbar geschnitzten Türchen, darüber die Expositionsnische für das Sanctissimum, flankiert von anbetenden Engeln, bekrönt vom Bilde des Pelikans.[30]

Das Sprengwerk wird dominiert von einem Tabernakelbaldachin in der Mittelachse. In ihm steht eine Figur Marias[31] als der unbefleckt Empfangenen,[32] der Patronin der Kirche. Zwei zu ihren Füßen fliegende Engel verehren sie: *"Ave Maria"* steht auf ihrem Spruchband. Sie wird flankiert von zwei Figürchen, die die Heiligen der Nächstenliebe darstellen: Zu ihrer Linken inmitten sich biegender und neigender Fialen eine Figur der hl. Elisabeth; zu ihrer Rechten die hl. Franziska Romana mit dem kleinen Engel (s. o.).

Über der mit köstlichen und raumhaltigen Ranken beschnitzten Predella befinden sich rechts und links gemalte Tafeln mit den Darstellungen der Verkündigung an Maria und der Heimsuchung. Im aufgeklappten Zustand zeigen die Tafeln die Brustbilder der zwölf Apostel.

Auf den (ebenfalls gemalten) Hauptbildern sieht man (in geschlossenem Zustand) die Bilder des Marientodes (inmitten der Apostel) und der Krönung Marias durch ihren Sohn Jesus Christus im Himmel. – So ist ein Zyklus ablesbar: Unbefleckte Empfängnis, Verkündigung, Heimsuchung, Maria unter dem Kreuz (im Fenster), Marias Heimgang, die Krönung der Gottesmutter.

Sind die großen Flügel geöffnet, so kann man von links nach rechts folgende (gemalte) Szenen ablesen: Die Geburt Christi (Anbetung des Kindes), die Beweinung des vom Kreuz abgenommenen toten Christus, Christi Himmelfahrt (mit betonter Herausstellung Marias und Petri), die Wiederkunft Christi am Ende der Zeiten (zwischen Maria und Johannes dem Täufer als Fürbitter).

Insgesamt besitzt der Altar – Mensa und Retabel – ein reiche Ikonographie, die durchaus christologisch orientiert ist, aber im Hinblick auf die Patronin der Kirche einen deutlichen mariologischen Akzent aufweist. Die christologischen Szenen sind so ausgewählt, daß in jeder von ihnen Maria eine Rolle spielt.

Die Malereien der Hochaltares sind das Werk des Kölner Malers Alexius Kleinertz (1831-1903). Auf einem Satz vorzüglicher, von Anselm Schmitz, K. Hof-Photograph, Köln, angefertigter großformatiger Photos der Altarbilder ist jeweils der Name des Malers verzeichnet: "A. Kleinertz pinxit." Die Bilder sind in vorzüglicher Technik gemalt und trotz ihres Alters von bereits 100 Jahren in bestem Erhaltungszustand. Stilistisch orientierte sich Kleinertz an den Werken der Meister der 2. Hälfte des 15. Jahrhunderts. Eine eingehende und zusammenfassende Untersuchung über Kleinertz steht noch aus.[33] In Köln hat er u. a. bei der Ausmalung von Groß St. Martin und bei der Mosaizierung der Apostelkirche mitgewirkt. In Neuß geht die Ausmalung des Quirinusmünsters auf ihn zurück.

Das Rahmenwerk der KOMMUNIONBANK ist als Schreinerarbeit aus Holz gefertigt. Die transparenten Füllungen bestehen aus einem filigranen Gitterwerk in Schmiedeeisen mit den Symbolen von Ähren und Trauben.

Die KANZEL[34] ist aus liturgischen Gründen an der linken Seite des Triumph- oder Chorbogens angebracht und über eine geschwungene Treppe mit einem vergoldeten und feingliedrigen Geländer zu erreichen. Die Brüstung des polygonalen Kanzelkorbes ist mit einem ebenso feingliedrigen Eisengitter, das über eine Ornamentbemalung gelegt ist, geziert. Kanzel und Treppe wirken ausgesprochen kostbar.

Ein mitunter in der Kirchenausstattung etwas "nebenbei" behandeltes Bild ist in der Rheinböller Kapelle aufs feierlichste als Triptychon gestaltet und mit einem aufwendigen Rahmenwerk versehen, das Bild der "IMMERWÄHRENDEN HILFE".[35] In der Mitte befindet sich das bekannte Bild, das als Nachbildung der berühmten Ikone in Rom Maria als die Schmerzensmutter darstellt: Das Jesukind blickt ängstlich von seiner Mutter weg auf einen Engel, der ihm die Leidenswerkzeuge zeigt; der Erzengel Gabriel ist der Verkünder sowohl der Menschwerdung als auch der Passion. Zwei flankierende (feste) Flügel zeigen Bilder von schwebenden Engeln mit Saiteninstrumenten. Im Giebel trägt ein Engel das Spruchband *"Ave Maria"*. Unter dem Bilde liest man das Gebet: *"Maria succurre miseris, juva pusillanimes – Maria, komm eilends den Geplagten zu Hilfe, hilf den Kleinmütigen."*

Ein ebenfalls triptychonartig und aufwendig gestaltetes TABERNAKEL[36] hängt an der gegenüberliegenden Wand. Seine Mittelnische ist mit einem Eisengitter verschlossen und leer. In den Seitenflügeln sind verehrende Engel gemalt. Die mittige Konsole zeigt einen hockenden Engel mit dem Spruchband *"Jesu amabilis M. n. - Liebreicher Jesus, (Memento nostri) gedenke unser."* Hilger vermutet, daß das kostbare Reliquiar des Rheinböller Kirchenschatzes (s. u.) dort aufgestellt war. Andererseits liegt es wegen der Inschrift nahe anzunehmen, daß sich in der Nische eine Figur des früher so sehr verehrten Prager Jesulein[37] befand. Denn auf dem bereits herangezogenen alten Photo hängt im Chorraum rechts vom Hochaltar ein kleines (wohl älteres) Tabernakel, in dem eindeutig die Figur des Jesulein steht.

Unter dem Chor der Kirche befindet sich eine kreisrunde GRUFT mit relativ niedrigem Gewölbe. Spärliches Licht fällt durch enge Schächte herein. Die Decke ist mit roten Sternen auf weißem Grund bemalt. Bänder mit Fleur-de-Lys unterteilen die Kuppel. Am Ostende steht ein kleiner, auf Säulen und Stipes aufgebauter Altar mit Predella und Tabernakel. Die Mitte des Raumes nimmt der große neogotische steinerne Sarkophag ein. Die Deckplatte und die Seiten sind mit Inschriften und Ornamenten geziert. Hier ruhen die Gebeine der am 16. November 1896 verstorbenen Franziska Puricelli. Eine an den Wänden umlaufende Inschrift ist mit ihrem tröstenden Wort der Totensequenz des Dies Irae entnommen: *"Recordare pie Jesu, quod sum causa tuae viae – Erinnere dich meiner, o gütiger Jesus; bin ich doch die Ursache deiner Wege gewesen."* Die Gruft ist über eine Wendeltreppe neben der Sakristeitür zugänglich.[38]

Rheinböllen, Stiftung Puricelli: Triptychon der "Immerwährenden Hilfe" (1996).

Liturgische Geräte

Um die Puricelli'sche Waisenhausstiftung Rheinböllen in ihrer Gesamtheit verstehen und würdigen zu können, wird man die Paramente und die liturgischen Geräte in die Betrachtung einbeziehen müssen; sind sie doch unabdingbar für die Feier der Liturgie – jene höchste Bestimmung eines Kirchengebäudes.[39] Die Trierer Schatzkunst-Ausstellung von 1984 bot erstmals Gelegenheit, auch die Rheinböller heiligen Geräte in einem größeren Zusammenhang zu sehen. Damals bereits wurde deren hervorragende Qualität offenbar.[40] Vom Altar und von der Orgel war bereits die Rede. Hier folgen in der gebührenden Reihenfolge zuerst die *"Vasa sacra"*, jene heiligen Gefäße, die unmittelbar der heiligen Eucharistie dienen, der Kelch mit der Patene, die Custodia, die Monstranz. – Die Geräte werden an einem sicheren Orte aufbewahrt.

Der KELCH der Waisenhauskirche wurde 1894 bei Brems-Varain in Trier geschaffen. Es ist ein Geschenk der Familie Puricelli. Das Familienunternehmen Brems-Varain war eine der größten und bedeutendsten Goldschmiedewerkstätten der Rheinprovinz.[41] – Die Fußplatte des Kelches ist über einem Davidsstern entworfen, dessen Zwickel mit Kreissegmenten gefüllt sind. Die Zarge ist durchbrochen gearbeitet und doppelt profiliert. Auf dieser Grundplatte sitzt quasi wie ein zweiter Fuß ein mit Emailmedaillons (u. a. Bild des hl. Karl Borromäus) besetzter Sechspaß, aus dem sich der durch einen Nodus gegliederte Schaft erhebt. Die Kuppa sitzt in einem Korb mit stilisierten Blättern.

Das ZIBORIUM folgt in seiner Form nicht der damals (und bis in die 1950er Jahre) gängigen Form eines vergrößerten Kelches mit Deckel. Der Hostienbehälter ist vielmehr wie eine sechseckige Pyxis mit aufgeblendeten Rosettenmaßwerken gestaltet und greift so auf jene älteren Formen zurück, als die Ziborien noch nicht die Kelchform nachahmten; sie waren in ihrer Frühform eher auf einen Ständer gesetzte Pyxiden. Hier ist zweifellos der Rat eines Kunst- und Liturgiehistorikers wirksam geworden.[42] Der Deckel mit umlaufendem Maßwerkfries ist von einer zweigeschossigen äußerst feingliedrigen Tabernakelarchitektur bekrönt, in der – in Anspielung an das Kirchenpatrozinium – eine silberne Immaculata-Figur steht. – Der sechspassige Fuß ist mit Emailmedaillons besetzt, deren Bilder Bezug zum Inhalt des Ziboriums haben: Lamm Gottes, vier Evangelistensymbole, Pelikan. Der Schaft mit durchbrochenem Maßwerk vor blauem Emailgrund wächst aus dem trompetenförmig aufsteigenden Fuß hoch. Der sechsteilige Nodus hat auf den Rotuli die Inschrift "I-H-E-S-U-S". – Das 1894 datierte Ziborium ist ein Werk des Ateliers Carl Ludwig, Trier. Die Inschrift[43] am Fuß vermerkt die Stiftung durch Franziska Puricelli und die Geschichte; demnach ersetzt es ein älteres Gefäß der Pfarrkirche.

Eine CUSTODIA ist ein Gefäß, das zur Aufbewahrung einer konsekrierten großen Hostie dient, welche man zur eucharistischen Andacht in die Monstranz einsetzt. Die Custodia der Waisenhauskapelle wurde um 1894 vermutlich in Trier (oder Frankfurt?) hergestellt. Sie ist in Form eines sechseckigen Turmes gearbeitet, der auf einem profilierten Sockel mit Vierpaßfries steht und von einem in Maßwerkformen durchbrochenen Dach in geschweiftem Querschnitt gedeckt ist. Der Dachansatz ist durch kräftige Maßwerkformen betont. Eine Kreuzblume bekrönt die Spitze. Eine der Seiten ist mit der in Senkemail gearbeiteten Darstellung eines tubablasenden Engels geschmückt.[44]

Bereits für die erste Stiftung 1860 ff gab Heinrich (I.) Puricelli eine MONSTRANZ in Auftrag. Es handelt sich um die einfachere der beiden vorhandenen Monstranzen.

Eine aufwendigere MONSTRANZ wurde 1894 für die Waisenhausstiftung angefertigt. Auf den Anhängern liest man die in einer Ligatur verbundenen Buchstaben FP (Franziska Puricelli) und CP (Carl Puricelli). Die Herkunft aus der Werkstatt Brems-Varain ist nur mittelbar erwiesen: die Monstranz in Meckel (Eifel) besitzt den gleichen Aufbau und ist für Brems-Varain gesichert. – Über einem sechspassigen Fuß steigt der mit einem durchbrochen gearbeiteten Nodus geschmückte Schaft auf und trägt einen reichgegliederten architektonischen Aufbau von gotischen Mini-Architekturen wie Tabernakeln, Strebebögen und Fialen. In der Mitte sitzt die kreisrunde Glasscheibe des Hostienzylinders, von einer Inschrift umschlossen. Zahlreiche Silberfigürchen von Heiligen und Engeln bewohnen und beleben das himmlische Gehäuse. – Eine kostbare kreisrunde Lunula gehört dazu.[45]

Eine Garnitur von MESSKÄNNCHEN für Wein und Wasser mit Tablett dient der Bereitung der Gaben bei der Feier der hl. Mes-

se. Die Kännchen bestehen aus Glas und sind mit vergoldetem Metall gefaßt. – Außerdem sind zwei einfachere Metallkännchen vorhanden.

Ein großes metallenes VORTRAGEKREUZ dient bei feierlichen Gottesdiensten und Prozessionen. Der zerlegbare Metallschaft ist durch kostbare, teils durchbrochen gearbeitete Knäufe (Nodi) gegliedert. Der Kreuzbalken mit den an seinen Enden befindlichen konkaven Rautenfeldern, der Nimbus Christi und die Inschrift sind mit Email in Blau und Türkis geschmückt. Das in Metall gegossene Corpus folgt dem Viernageltypus. Unter seinen Füßen befindet sich das Familienwappen Puricelli. Aufwendig gegossenes und vergoldetes Rankenwerk in den Zwickeln um die Kreuzmitte und um die Endrauten verleiht dem Kreuz den Charakter eines Triumphkreuzes. In den Vierpässen der Endrauten sieht man die Gestalten der Evangelisten.[46]

Ein RELIQUIAR in romantisch-fantastischer Kapellenform bildet das Glanzlicht des Rheinböller Kirchenschatzes.[47] Es wurde geschaffen für die Reliquien der hl. Rufina, der hl. Franziska Fremiot de Chantal und des hl. Franz von Sales. Wappen und Buchstaben weisen auf die Stifter hin. Signaturen in der Sockelzone geben genaue Auskunft über die Hersteller: *"A. Heinemann inv(enit)"*, *"I. Klenk fec(it)"*, in der Werkstatt von *"E. Schürmann u. Co. Frankfurt a/ M."* Heinemann und Klenk scheinen Mitarbeiter in der Firma Schürmann gewesen zu sein.[48] – Ein abgeschrägter rechteckiger Sockel mit Emailschmuck wird von vier gegossenen Klauenfüßen und gegossenen Ornamenten getragen. Auf ihm sitzt das ebenfalls rechteckige Reliquienbehältnis – seine Vorder- und Rückseite sind als Türchen ausgebildet – das mit Tabernakelvorbauten zu einem imaginären Sechs- resp. Achteck erweitert wird. So bietet sich das kleine Gebäude vom Dach her als eine kreuzförmige Kapelle dar, deren Dach in der Hauptachse in Giebeln, in der Querachse in dreiseitigen Walmen endet. In dem köstlich als Tabernakel gearbeiteten Vierungsturm mit bekrönender Kreuzblume[49] steht eine Frau mit einer Hostie in der Linken; sie wird von einem Engel gekrönt. Es handelt sich um die hl. Franziska Romana, die von Franziska Puricelli in einem Inventar eigens genannt wird.[50] Auf den Schmalseiten unter den Tabernakelbaldachinen befinden sich Emailbilder: Die hl. Franziska Romana speist elf Jungfrauen (in Verehrung gegenüber der hl. Ursula mit ihren 11.000 Jungfrauen); auf der anderen Seite: Das Bild einer stehenden Muttergottes mit dem Jesuskind auf den Armen, in einer Flammenmandorla (vgl. Apk. 12, 1 ff), vor ihr kniet eine verschleierte und nimbierte Frau.[51] Über den Giebeln der Hauptachse befindet sich eine plastische Darstellung des Phönix, der aus dem Feuer zu neuem Leben aufersteht. So ist das Rheinböller Reliquienbehältnis hineingestellt in den geistigen Kosmos von Himmel und Erde.

In der Sakristei der Kirche befinden sich zwei RAUCHFÄSSER mit zugehörigen Ketten, Kettenhaltern und Weihrauchschiffchen. Sie sind beide in der bekannten Kugelform mit durchbrochenem Oberteil gearbeitet. Das eine hat ein Türmchen als Aufsatz, bei dem anderen geht die obere Kuppa in geschwungener Form in den Kettenring über.

Das MESSBUCH mit seinem PULT gehört unmittelbar auf den Altar. Insofern nimmt es auf seine Weise an der Würde des Al-

tares teil. Das Rheinböller Missale gehört zur Auflage von 1889 bei Friedrich Pustet und stellte insofern damals keine besondere Rarität dar; heute sieht das nach den großen Verlusten, die im Gefolge der Liturgiereform auftraten, schon anders aus! – Der besondere Wert indessen liegt hier im Einband,[52] der im Atelier von Schürmann (Frankfurt) entstand. Silber gegossene neugotische Maßwerk-Ornamente von großer Feinheit zieren die beiden Buchdeckel: sie liegen wie linienhafte Kompositionen dem roten Lederdeckel auf. Auf dem Vorderdeckel ist eine Kreuzigung in flachem Relief zu finden, außerdem die vier Wesen (in den Ecken), die Buchstaben A und O, die Ligatur PX. Die Ornamente scheinen nach Schablonen im Rapport gegossen zu sein. Auf dem Rückdeckel ist in einer Raute mit einbeschriebenem Achtpaß der Jesusname IHS hervorgehoben.

Das zugehörige BUCHPULT ist nach einem hervorragenden Entwurf (Wiethase) geschnitzt und auf der Pultfläche mit einem komplizierten, durchbrochen gearbeiteten Maßwerk geziert. Eine zurückhaltende Polychromie hebt einige Ornamente hervor.

Neben einem Paar von kleinen LEUCHTERN in Rokokoformen besitzt die Kirche sechs große Messingaltarleuchter von vorzüglicher neugotischer Form: Die Schäfte sind wie ein gewundenes Seil modelliert, Fuß und Teller reich verziert. Außerdem besitzt die Waisenhauskirche zwei Leuchter mit je drei Kerzenhaltern, die auf einer schräg aufsteigenden Leiste montiert sind.

Selbst die sogenannten KANONTAFELN,[53] die in den meisten Pfarrkirchen als bloß bedruckte Pappen, seltener gerahmt, ganz selten kostbar gefaßt, (vor der erneuerten Liturgie) auf den Altären standen, sind für die Rheinböller Waisenhauskirche künstlerisch und handwerklich sehr sorgfältig konzipiert und hergestellt. Schrift, Ornamente und je ein Bild sind auf Pergament (teils in Gold) geschrieben resp. gemalt und mit einem vergoldeten, blattbesetzten Rahmen gefaßt. Auf der großen Haupttafel (die ihre Aufstellung in der Mitte des Altares hatte) ist in der Mitte zu den Konsekrationsworten die Kreuzigung Christi (umgeben von Medaillons mit den vier Symbolen) dargestellt, links zum *"Gloria"* die Geburt Christi in der Initiale G; rechts das Abrahamsopfer in der Initiale S zum *"Suscipe sancte Pater"* der Gabenbereitung. – Die an der linken Altarecke aufzustellende Tafel hat den Text des Johannesprologs mit einem Bild des auf Patmos sitzenden Evangelisten, über dem in himmlischen Höhen die Apokalyptische Frau erscheint, während zu seiner Rechten der Adler steht. Von dieser Tafel las man früher am Ende der Messe den Johannesprolog. – Auf der auf der rechten Altarecke aufzustellenden Tafel ist wegen des Psalmgebetes zur Händewaschung die Taufe Jesu im Jordan dargestellt. Über Christus erscheint die Taube des Heiligen Geistes und das Bild Gottvaters.

Auf die PARAMENTE[54)] der Waisenhauskirche hier genauer einzugehen, wäre wichtig, überschreitet aber im Augenblick die Möglichkeiten, da nicht mehr die Zeit zu einer eingehenden Untersuchung besteht. In einem kunstvoll gearbeiteten neugotischen Sakristeischrank befinden sich komplette Sätze von Paramenten, bestehend aus Kasel, Stola, Manipel, Chormantel, Velum: alle mit hervorragenden Stickereien. Es sei hier nur auf diesen "Schatz" hingewiesen. Es finden sich darunter solche von

erlesener künstlerischer und handwerklicher Qualität. Einige Stücke seien hier kurz vorgestellt.

Eine weiß-goldene Kasel aus einem Textil mit eingewebtem Akanthus besitzt einen einfachen Stab auf der Vorderseite und einen Kreuzstab auf dem Rücken. Diese Stäbe enthalten insgesamt 14 Medaillons mit gestickten Darstellungen der Passionsgeschichte Jesu.

Eine goldbrokatene Kasel und ein Chormantel aus demselben Stoff sind mit Ornamenten und Figuren bestickt: Die Kasel zeigt im Kreuzstab einen Kruzifixus an einem Lebensbaumkreuz und die unter dem Kreuz stehende schmerzhafte Mutter. Auf dem Rückenschild des Pluviales ist inmitten eines reichen Ornamentkranzes die Rast auf der Flucht nach Ägypten dargestellt – ein Engel streicht vor der hl. Familie ein Saiteninstrument; die beiden vorderen Randstäbe zeigen in Mandorlen die Gestalten der Vier Evangelisten und zweier Kaiser.

Eine Kasel aus rotem Samt zeigt auf ihren Stäben Christus zwischen zwei rauchfaßschwingenden Engeln; ein dritter über ihm hält die Dornenkrone. Unter Christus und auf dem Stab der Vorderseite sind die Gestalten der Vier Evangelisten in derselben Zeichnung gestickt wie auf dem Pluviale.

Zu einer schwarzen Kapelle gehört eine Kasel, deren Stäbe mit ornamentalem Weinlaub und einer Dornenkrone in Silber bestickt sind. Die Dalmatik ist mit stilisierten Granatäpfeln geschmückt. Diese Werke sind von einer sonoren Feierlichkeit.

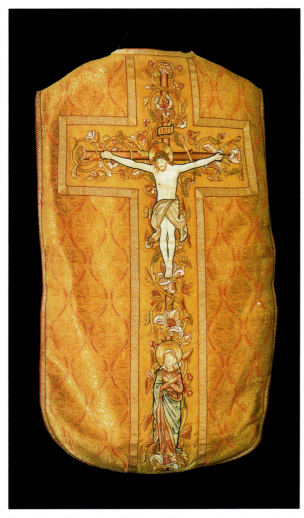

Rheinböllen, Stiftung Puricelli: Kasel als Teil einer goldbrokatenen Kapelle (1982).

Rheinböllen, Stiftung Puricelli: Chormantel als Teil einer goldbrokatenen Kapelle (1982).

Dieser kleine (unvollständige und summarische) Überblick läßt uns den inneren Reichtum erahnen, dessen man erst bei genauerem Hinschauen gewahr werden wird. – Durch die Paramente sollte – zusammen mit der Schönheit des Kirchengebäudes und seiner Ausstattung, bei der Zelebration des Sakramentes etwas von der inneren Würde der gottesdienstlichen Liturgie sichtbar aufscheinen, etwas von der inneren Herrlichkeit des christlichen Glaubens und seiner Mysterien erahnbar werden.

In der Rheinböller Stiftung wird deutlich, wie sehr Franziska Puricelli ihre Fürsorge nicht nur als ein soziales Anliegen im engsten Sinne des Wortes begriff. Es ging ihr nicht nur um Geld und nicht nur um die wirtschaftliche Sicherstellung der sogenannten Lebensnotwendigkeiten. Vor dem Hintergrund dessen, was man das christliche Menschenbild zu nennen pflegt, ging es um den ganzen Menschen. Und so gehören die Religion und auch die kulturellen Werke der Schönheit zur sozialen Einstellung hinzu. Die Ausübung der Religion im Gottesdienst ist geradezu die geistige Zusammenfassung der sozialen und caritativen Aktivitäten. Man denkt unwillkürlich an so manche der Spitäler des Mittelalters, wo Pflege, Schönheit und Religion auch in den Erbärmlichkeiten des Alters oder der Krankheit auf eine tröstende Weise zusammenklangen. Das menschliche Ambiente von Wohnen, von Essen und Trinken, von Fürsorge und Pflege setzte in Rheinböllen den Maßstab der Planung und der Ausführung. Die geistigen und kulturellen Anlagen und Ansprüche der Menschen fanden ihre tägliche Erfüllung und Krönung in der Schönheit des Kirchengebäudes und der in ihr gefeierten Liturgie. – Außerdem ist zu beobachten, wie sehr Franziska Puricelli auf die geistig-theologische Konzeption des Ganzen bedacht war. Architektur, Malerei, Bildhauerei, Goldschmiedekunst und Paramentik sind nach einem wohldurchdachten Plan konzipiert und auf die Feier der Liturgie hingeordnet; dabei hat aber der Kirchenraum auch dann seinen Sinn und seine Schönheit, wenn augenblicklich keine regelmäßige Liturgie dort stattfindet. – Es war schon die Rede von den geistig prominenten Verwandten und Freunden Johann Peter Kirsch und Joseph Wilpert (s. o.). Deren Kenntnisse in Fragen der Theologie, der christlichen Archäologie und der Ikonologie werden sich auf die geistige Konzeption der Stiftung und ihrer Kunstwerke ausgewirkt haben.

Rheinböllen, Stiftung Puricelli: Silberbestickte Kasel für Trauerfeierlichkeiten (1982).

Rheinböllen, Stiftung Puricelli: Kasel mit Stationen der Passionsgeschichte Christi (1982).

Zusatz: Liturgische Geräte des Trierer Domes,
die auf Stiftungen der Familie Puricelli zurückgehen

Es ist aus Platz- und Zeitgründen unmöglich, alle liturgischen Geräte und Beiträge zu Kirchenausstattungen hier zu beschreiben, die auf Stiftungen von Mitgliedern der Familie Puricelli zurückgehen. Es sollen hier nur noch diejenigen in einem Zusatz besprochen werden, die sich im Trierer Dom(schatz) befinden. Sie werden in der Reihenfolge der Entstehung aufgeführt. Die Aufstellung hat vorläufigen Charakter.

(1) – Ein bis heute im Trierer Domschatz aufbewahrter KELCH wurde 1881 von Hyazinthe Puricelli dem damals neuernannten Bischof Michael Felix Korum geschenkt. Eine Inschrift unter dem Fuß hält diese Tatsache fest: *"Rmo Dno Michaeli Felici Korum, Episcopo Treverensi, in die, qua a S. Petri successore missus S. Eucharii cathedram primum ascendit, calicem offert Hyazinthe Puricelli, petens ut pro se suisque vivis et defunctis hostias et preces offerat Deo Patri misericordiarum. Treveris die XXV Septembris MDCCCLXXXI – Dem Hochwürdigsten Herrn Michael Felix Korum, Bischof von Trier, bringt Hyazinthe Puricelli, an dem Tag, an dem er, vom Nachfolger des hl. Petrus gesandt, den Stuhl des hl. Eucharius besteigt, diesen Kelch dar; sie bittet, daß er für sie und ihre Lebenden und Verstorbenen Opfer und Gebete Gott, dem Vater der Barmherzigkeit darbringt. Trier am 25. September 1881."*

Der Kelch ist in neoromanischen Formen gearbeitet. Der runde Fuß ist mit Blattschmuck graviert. Sechs aufgelegte Medaillons zeigen in Niellotechnik und in (weitgehend) neoromanischem Stil folgende Szenen: Verkündigung an Maria ("Ave Maria"); Christi Geburt (mit Maria auf dem Wochenbett); Anbetung durch die hl. drei Könige; Abendmahl; Kreuzigung; Auferstehung. – Der Kelch entstand (wahrscheinlich) in der Werkstatt von J.C. Osthues (Münster i. W.). Diese Zuweisung durch Norbert Jopek[55] basiert auf einem Vergleich mit einem anderen Osthues-Kelch des Trierer Domschatzes.

(2) – In der Zeit um 1880 ist von den Werkstätten J. C. Osthues (Münster) eine kostbare MESSPOLLENGARNITUR mit TABLETT in neoromanischem Stil angefertigt worden, die leider keine Stifterinschrift aufweist. Reicher Schmuck von Palmetten und Blattwerk. Die Henkel werden von geflügelten Drachen gebildet. – Da Hyazinthe Puricelli eine in der Form fast identische Garnitur, ebenfalls von Osthues, 1897 nach Maria Laach schenkte, darf man vermuten, daß auch die Trierer Garnitur auf eine Puricelli'sche Stiftung zurückgeht.[56]

(3) Auf das Jahr 1890 datiert ist die Schenkung des relativ großen MATERNUS-SCHREINS.[57] Er hat im Kriege gelitten und steht, noch nicht restauriert, im Arbeitsraum des Domschatzes. Als früherer Aufstellungsort wird die Mensa des Altares genannt.[58] Zu Beginn der Domrestaurierung (1966) stand er in der Domsakristei auf einem Schrank. – Die Inschriften, die alle auf dem

Sockelprofil eingraviert sind, weisen ihn eindeutig als Geschenk der Familie Puricelli aus.

(Auf dem Sockel der Stirnseite:) *"In honorem sancti Materni Episcopi et Treverorum Apostoli hanc capsam dono dederunt Eduardus et Hyacintha Puricelli. Orate pro eis. MDCCCXC - Zu Ehren des heiligen Bischofs Maternus, des Apostels der Trierer, haben diesen Schrein zum Geschenk gegeben Eduard und Hyazinthe Puricelli. Betet für sie. 1890. "*

(Auf der gegenüberliegenden Stirnseite:) *"Corpora sanctorum in pace sepulta sunt et vivent nomina eorum in aeternum[59] - Die Leiber der Heiligen sind im Frieden begraben, ihre Namen leben in Ewigkeit. "*

(Auf der rechten Längsseite:) *"Trevericam plebem Dominus benedicat et urbem[60] - Der Herr segne das Trierische Volk und die Stadt. "*

(Auf der linken Längsseite:) *"Serve Dei praeelecte / Tua per suffragia / O Materne Deum flecte / Impetrata venia / Nos salutis ut perfectae / Consequamur gaudia.[61] - Auserwählter Diener Gottes, o Maternus, bewege durch deine fürbittende Hilfe Gott. Wenn wir die Verzeihung erlangt haben, werden wir die Freuden des vollkommenen Heils erreichen. "*

Der Schrein ist in Gestalt eines Kirchengebäudes, einer dreischiffigen Halle aus Messing "gebaut": fünf Joche lang und drei Joche breit, mit fluchtendem Querschiff. Die Joche sind durch Wandpfeiler voneinander getrennt, die Fenster in zwei (durch ein Gesims getrennten) Geschossen angeordnet: Unten gotische Spitzbogenfenster, oben Rundfenster. Die Gestalt der biberschwanzgedeckten Dächer folgt der Vorstellung eines Baues auf kreuzförmigem Grundriß; durchbrochen gegossene Ornamentkämme schmücken die Firste. Vier Kreuzblumen zieren das Dach; vier Fialen betonen die Ecken des Gebäudes. Unter diesen baldachinartig vorkragenden Fialen stehen Silberfigürchen: Ein Bischof (Maternus); ein Abt (Antonius Erem.?); ein zweiter Bischof; die hl. Helena mit Kreuz, Nagel und hl. Rock. Die ganze Komposition steht auf einem profilierten Sockel, der an den Ecken von vier geflügelten Drachen getragen wird.

(4) Im Jahre 1890 stiften die Eheleute Eduard und Hyazinthe Puricelli ein KREUZRELIQUIAR, das bei J.C. Osthues gefertigt wurde und zu den originellsten Schöpfungen seiner Zeit gehört.[62] Eine Inschrift unter dem Fuß gibt Auskunft: *"Eduardus et Hyacintha Puricelli in honorem sanctissimae Crucis hanc thecam dono dederunt. Orate pro eis. 1890 - Eduard und Hyazinthe Puricelli gaben dieses Reliquiar zu Ehren des allerheiligsten Kreuzes als Geschenk. Betet für sie. 1890. "* Es ist möglich, daß diese Stiftung schon im Blick auf die Ausstellung des Heiligen Rockes 1891 gemacht wurde.

Dem Goldschmied war die Aufgabe gestellt, eine ältere kreuzförmig gefaßte und mit Diamanten verzierte Kreuzreliquie und sechs ovale Emailmedaillons als "Spolien" in die neue Komposition einzubringen. Diese älteren Teile können noch auf den alten Domschatz vor der Säkularisation zurückgehen, wie Hans Wolfgang Kuhn[63] gezeigt hat. Auf dem Umweg über Fürst Metternich scheint die Kreuzpartikel wieder nach Trier gekommen zu sein; denn im Inneren des (damals bei Metternich befindlichen) Andreas-tragaltares befand sich u. a. "eine Particula Stae Crucis in Silber gefaßt." Die Kreuzpartikel wurde wahrscheinlich aus dem älteren Reliquiar herausgenommen, ehe dieses an das Haus Nassau-Weilburg abgeliefert wurde. Die Herkunft der Emailbildchen (17. Jahrhundert) ist nicht zu ermitteln; sie werden aber gewiß auch aus altem Trierischen Besitz stammen. Wie es nun zu der Kooperation zwischen dem Hause Puricelli und dem Dom resp. Bischof kam, die zur Verwendung der älteren Fragmente führte, müßte noch ermittelt werden.

Die Kreuzreliquie besteht aus vier dünnen Spänen, von denen einer aus zwei zusammengesetzt ist. Diese Späne sind von einem flachen aufgebördelten Silberblech kreuzförmig gefaßt. Mittels dünnster Stege ist diese Silberfassung mit der Kapsel verbunden. In der Mitte sitzt ein herzförmig geschliffener Diamant in einer goldenen Kastenfassung, von der viele winzige goldene Strahlen ausgehen. Von der Mitte gehen in diagonalen Richtungen vier gekordelte Golddrähte aus. An ihren Enden sitzen freigeometrisch geformte Blättchen (Barock? Beginnender Jugendstil?) mit vier winzigen Emails (?) in Form eines Dreiblattes; in der Mitte befindet sich ein Diamant.

Diese kostbar gefaßte Reliquie ist mit ihrem Dekor in ein flaches ovales Behältnis montiert, das praktisch aus zwei dicken ovalen randbeschliffenen Glasscheiben besteht. Ein flacher ovaler Metallzylinder faßt die Gläser und ist rundherum (vorn und hinten) mit aufge-stifteten Korallenperlen besetzt. Ein flaches Netz aus sich ornamental einrollenden Goldfäden (in Gußtechnik?) ist als Scheibe so darum gelegt, daß eine Art Scheibenmonstranz entsteht. In diesem sechseckig ausgebreiteten Netz sind die o. g. Emailminiaturen eingesetzt: Darstellungen des Abendmahls, Christi am Ölberg, der Geißelung Christi, der Dornenkrönung, der Kreuzigung, der Auferstehung. Weitere Korallen sitzen auf dem Rand des Netzes und an den Enden der zierlich gearbeiteten Kreuzbekrönung.

Der sechspassige Fuß steigt steil zu einem sechseckigen Nodus auf. Seine Segmente und auch der Schaft samt Nodus sind mit dicken gekordelten Golddrähten besetzt. Feine und sparsam verteilte Blattgravierungen, die im Lichteinfall plastisch wirken, beleben den sonst glatten Fuß. – Am Riegel hängen die Bröckchen der Reste eines Siegels. – Die Signatur lautet: *"C – (Krone) – J.C. Osthues – 800."* Damit ist die Vermutung beseitigt, der Fuß stamme von Brems-Varain.[64] Das Kreuzreliquiar von 1890 ist eines der interessantesten Gebilde dieses Zweckes, das im späten Historismus entstand.

(5) Im Jahr der Trierer Heilig-Rock-Wallfahrt 1891 stiftete die Familie Puricelli einen neuen SCHREIN FÜR DEN HEILIGEN ROCK,[65] zumindest aber die dazugehörigen Beschläge, die von der Frankfurter Firma Schürmann hergestellt wurden: "E. Schürmann & Co. Frankfurt a/M. 1891." Die Beschläge sind in sicherer Zeichnung entworfen und aus dickem Messingblech gesägt und graviert. Die Ornamente sind durchbrochen gearbeitet und folgen Vorstellungen gotischen Maßwerkes und Frühformen des Jugendstiles. Ein Medaillon in der Mitte zeigt das Antlitz Chri-

sti als Schweißtuch der Veronika. Eine Umschrift nimmt Bezug auf Christi Heilkraft, wie sie in Matth. 14,36 beschrieben wird: *"Und sie baten ihn / daß sie nur anrüh / ren dürften den / Saum seines Klei / des. Und wie viele / daran rührten, sie / wurden geheilt. / Matthaeus 14,36."* Die Schrift ist in ornamental gestalteter Fraktur auf acht Bögen eines konkav gestalteten Sterns verteilt. Aus seinen Spitzen entwickeln sich reiche Verzierungen. Ebenso sind die Ecken des Schreins reich verziert.

(6) – Der seit 1996 in der dem hl. Blasius geweihten Westkrypta des Domes stehende SCHREIN mit den Häuptern der Heiligen BLASIUS, CORNELIUS und GETULIUS wurde im Jahre 1892 gestiftet.[66] Die Stiftung ist auf einer kleinen Inschriftplatte am Sockel festgehalten: *"Hoc sacrum reliquiarum conditorium fieri fecerunt et R.R.D.D. Episc. D.M.F. Korum Grato animo obtulerunt E. et H. Puricelli Trever. Die nativ. Dom. A. MDCCCXCII – Dieses heilige Gefäß für Reliquien ließen anfertigen der Hochwürdigste Herr Bischof Michael Felix Korum und Eduard und Hyazinthe Puricelli. Sie brachten es dankbaren Herzens dar am Tag der Geburt des Herrn im Jahres 1892."*

Der Goldschmied hat auf einer kleinen Inschriftplatte am Sockel signiert: *"Brems-Varain eccl. cathedr. Trever. Aurifaber fecit – Der Trierer Kathedralgoldschmied Brems-Varain hat es gemacht."*

Der Schrein ist in der seit dem Mittelalter üblichen Haus- oder Kirchenform gemacht. Aus der Tradition des Rhein- und Maaslandes standen viele Beispiele dieser Art als Modell zur Verfügung. Die beiden Giebel und der First sind mit plastisch gegos-

senen Zierkämmen besetzt; vier aus freitragendem Filigran hergestellte Zierkugeln bekrönen den First. Zahlreiche vergoldete Kupferplättchen mit Email- und Filigranschmuck und Steinbesatz schmücken den Schrein.

Die Konstruktion folgt allerdings vollkommen anderen Vorstellungen als im Mittelalter. Die mittelalterlichen Schreine sind alle so gebaut, daß die Metallteile auf einem Schrein aus Holz montiert sind. Der Holzschrein ist also das eigentlich Konstruktive. Hier ist jedoch die ganze Konstruktion aus Messing aufgebaut. Die tragenden Teile sind wie in kunstvoller Klempnerarbeit erstellt und miteinander verbunden.

Die Giebelseiten und die Langhausseiten öffnen sich in Rundbögen, die auf Pfeilern und Säulen sitzen; die Öffnungen sind verglast, so daß man die mit roten Textilien verhüllten Häupter der Heiligen sehen kann. Solche Schreine oder Tafelreliquiare mit Einblicksmöglichkeit wurden bereits seit dem ersten Viertel des 13. Jahrhunderts hergestellt. Es seien (stellvertretend) die Simonslade aus Sayn[67] genannt und die große Kreuztafel aus St. Matthias[68] in Trier.

Die Pfeiler und Säulen stehen auf einer kräftigen Grundplatte mit umlaufender Inschrift: *"Jesu rex bone coelitum / Hi sunt quos fatue mundus abhorruit / Hunc fructu vacuum / Floris aridum contempsere tui nominis asseclae. – Jesus, guter König der Himmlischen! Das sind die, welche die Welt töricherweise verabscheute. Als Parteigänger Deines Namens verachteten sie die an Frucht leere und an Blumen trockene Welt."*

Als christologische Zeichen befinden sich auf den Giebelseiten zwei kostbar gestaltete Medaillons: Das eine hat die Buchstabenverbindung PX (Chi-Rho: Christus), das andere Alpha-Omega (A und O: Anfang und Ende).

In den Bögen, unter denen der Blick auf die heiligen Häupter freigegeben ist, finden wir auf beiden Seiten die Namen der Heiligen: *"Sancte Blasi ora pro nobis + Sancte Corneli ora pro nobis + Sancte Getuli ora pro nobis."* – Inhaltlich gehören dazu drei Emailplatten auf der Dachschräge. Dort sind Engel mit Sprüchen dargestellt: *"Sanctus Blasius Episcopus et Martyr + Sanctus Cornelius Papa et Martyr + Sanctus Getulius Martyr."*

Auf der gegenüberliegenden Dachschräge sind nochmals Engel mit Sprüchen dargestellt: *"Spes electorum est immortalis in aeternum - Die Hoffnung der Erwählten ist in Ewigkeit unsterblich."* + *"Justorum animae in manu Dei sunt[69] - Die Seelen der Gerechten sind in Gottes Hand."* + *"Viri sancti gloriosum sanguinem fuderunt pro Domino - Die heiligen Männer haben ihr glorreiches Blut für den Herrn vergossen."*

Die Inschriften in den Bögen der Stirnseiten deuten den Tod der Märtyrer: *"Sancti pro Christo mortui sunt et vivent in aeternum - Die Heiligen haben für Christus ihr Blut vergossen und leben in Ewigkeit."* + *"Justi in perpetuum vivent et apud Dominum est merces eorum - Die Gerechten leben in Ewigkeit; beim Herrn ist ihr Lohn."*

Der Schrein hatte im Krieg Schäden erlitten und war zum großen Teil seiner Email- und Filigranplatten, dazu auch zwei seiner bekrönenden Filigrankugeln beraubt. In jahrelanger Kleinarbeit wurden die fehlenden Teile rekonstruiert und der ganze Schrein restauriert. Zum Blasiustag 1996 (3. Februar) konnte die Krypta mit dem durch den Goldschmied Hans Alof restaurierten Schrein wieder dem Gottesdienst übergeben werden.

(7) – Im Jahre 1894 stiftete die Witwe Hyazinthe Puricelli die große MONSTRANZ[70] für den Dom. Die LUNULA und die CUSTODIA (s. u.) werden mit diesem Geschenk verbunden gewesen sein. Die Widmung befindet sich unter dem Fuß: *"Sacerdoti in aeternum Christo Domino dicat Hyacintha Puricelli 25. Decembris 1894. Orate pro me et pro defuncto marito Eduardo Puricelli - Dem Priester in Ewigkeit, Christus dem Herrn, weiht Hyazinthe Puricelli (diese Monstranz). 25. Dezember 1894. Betet für mich und für (meinen) verstorbenen Ehemann Eduard Puricelli."* – Der Stempel des Goldschmieds befindet sich ebenfalls unter dem Fuß: *"C (Krone) 800 E. Schürmann. Frankfurt a/M.".*

Die Monstranz ist in spätromanischen Formen gehalten, obwohl es zu dieser Zeit der Kunstgeschichte noch keine Monstranzen gab. – Auf einem Achtpaßfuß mit Zarge in reichem Filigran erhebt sich ein schlanker, emailgeschmückter Schaft mit Nodus. Eine Engelsbüste vermittelt zu der großen Scheibe: Ein großer Vierpaß, gefüllt mit reichem freitragenden Filigran, umschließt das kreisrunde Expositionsgefäß in der Mitte. Viele flache Metallreliefs schmücken und deuten mit ihren Bildern das Gefäß. Emails geben kleine Farbakzente. Der Dekor besteht weitgehend aus präzise gearbeitetem (freitragendem und auch aufgelegtem) Filigran. In den Zwickeln des Vierpasses und in der Horizontalachse sitzen kleine Knäufe. Ein großes Kreuz bekrönt die Monstranz; auf seiner Vorderseite trägt es im Schnittpunkt ein Antlitz Christi, auf der Rückseite eines der Mutttergottes.

Figuren und Inschriften tragen zur Deutung bei. Von Christus und Maria war schon die Rede. Auf dem Rahmen des Schaugefäßes befindet sich die Inschrift *"Ecce panis angelorum factus cibus viatorum[71]* - Siehe, das Brot der Engel wird zur Speise der Pilger."

Vier Reliefmedaillons der Vorderseite zeigen typologische Gestalten des Alten Bundes, die auf das Altarsakrament vorausweisen: Moses schlägt Wasser aus dem Felsen - der Prophet Habakuk bringt Daniel die Speise in die Löwengrube - die Mannalese in Gegenwart des Moses - das Isaakopfer des Abraham.

Die vier Reliefs der Rückseite bringen zwei anbetende und zwei Engel mit Spruchband: *"Venite Adoremus[72]* - Kommet, betet an!"* - Die beiden Engel am oberen Ende des Schaftes sagen: *"Praebe fili mi cor tuum mihi. Prov. 23,26 - Mein Sohn, schenke mir dein Herz!"*

Am Nodus befinden sich in kleinen Medaillons vier winzige Reliefs auf blauem Emailgrund: Der Pelikan (Zeichen der Belebung aus dem Herzblut des Erlösers und damit auch der Auferstehung), der Phoenix (Zeichen der Auferstehung), der Löwe und sein Junges (Zeichen der Auferstehung), der Adler (Zeichen der Himmelfahrt).

Der Achtpaß des Fußes ist geschmückt mit acht Reliefs vor rotem Emailgrund in Medaillons: Maria mit dem Jesuskind, vier Evangelisten, Helena, Petrus, Matthias mit dem Beil.[73]

Der trompetenförmige Übergang vom Fuß zum Schaft ist mit den Reliefs von acht Engeln geschmückt. Auf ihre Hände verteilt, findet sich der Text: *"Venite ad me omnes, ego reficiam vos. Matth. 11,28 - Kommet alle zu mir, ich werde euch erquicken."*

So stellt sich die Monstranz zwar als ein stilistischer Anachronismus, aber auch als ein exzellentes Werk der handwerklichen Kunst dar. Das Bild- und Textprogramm ist von einer geradezu gelehrten Konzeption und könnte wiederum die gedankliche Hilfe der (oben genannten oder auch anderer?) Theologen verraten. Die Texte und Bilder dienen einerseits der heilsgeschichtlichen Deutung der Eucharistie aus den Bildprophezeiungen ("Typen") des Alten Bundes; andererseits sind sie geradezu Anreden und Einladungen an den frommen Beter. Dieser wird diese Bilder wegen der großen Entfernung zwar nicht sehen können, wird aber bei Gelegenheit einer Predigt über das eine oder andere Motiv Kenntnis davon erhalten. Durch die Bilder Marias ist die reale und gedanklich-theologische Verbindung von Incarnation und Eucharistie[74] angesprochen, durch Petrus und Matthias die Trierische Ortskirche einbezogen.

(8) - Die CUSTODIA[75] ist als liegende, auf einem Fuß montierte Pyxis gearbeitet. Auf ihrer schlichten Rückseite besitzt sie ein Türchen mit Riegel. Die Vorderseite ist - der Monstranz vergleichbar - mit einem sechspassigen Kranz geschmückt. In dem mittleren Kreis befindet sich eine Darstellung des Lammes Gottes mit Kelch und Wimpel: Hinweis auf die Eucharistie und den Ostersieg.

Aus der großen Zahl der Puricelli'schen Stiftungen ist das Haus in Rheinböllen zweifellos das interessanteste Beispiel. Aber auch die dem Trierer Dom geschenkten Gegenstände machen schon einen regelrechten Schatz an liturgischen Geräten aus. Da die Paramente des Domes im letzten Krieg verbrannten, ist eine von den Objekten ausgehende Forschung nicht mehr möglich.

Anmerkungen

1. Eduard Lichter, 200 Jahre neue Wallfahrtskirche Helenenberg bei Welschbillig. In: Neues Trierisches Jahrbuch 1966, S. 90-101. – Ders., Welschbillig und Umgebung (Ortschroniken des Trierer Landes 14). Trier 1977, S. 216.

2. Man vgl. zu dieser Thematik: Karl-Heinz Gorges, Der christlich geführte Industriebetrieb im 19. Jahrhundert und das Modell von Villeroy & Boch (Zeitschrift für Unternehmensgeschichte, Beiheft 60). Wiesbaden 1989. – Rez.: Peter Blum, Neuere Studien zur Unternehmensgeschichte. In: Archiv für Sozialgeschichte 32, 1992, S. 534-540. – Winfrid Becker. In: Zs f. Unternehmergeschichte 37, 1992, S. 206 f. – Peter Burg. In: Zs für die Geschichte der Saargegend 40, 1992, S. 219-221. – Sylvie Lefèvre. In: Francia 1995, 21/3, S, 249 f.

3. Handbuch des Bistums Trier, 20. Ausgabe. Trier 1952, S. 786. – Die Kunstdenkmäler des Rhein- Hunsrückkreises. Teil 1: ehemaliger Kreis Simmern. Bearbeitet von Magnus Backes, Hans Caspary, Norbert Müller-Dietrich. München 1977, Bd. II, S. 816-826, Abb. 760-775, der Architekt bleibt ungenannt. (Künftig zitiert: Kunstdenkmäler.) – F. Ronig, Der Kirchenbau des 19. Jahrhunderts im Bistum Trier. In: Kunst des 19. Jahrhunderts im Rheinland, hg. von E. Trier und W. Weyres. Bd. I: Architektur. Düsseldorf 1980, S. 195-268, hier: S. 247, Abb. 75, 76, als Architekt wurde Heinrich Wiethase genannt. – Hans Peter Hilger, Al-täre und Ausstattungen rheinischer Kirchen. In: Kunst des 19. Jahrhunderts . . . Bd. IV: Plastik. Düsseldorf 1980, S. 113-176, hier: S. 155-157. – Dehio, Handbuch der Deutschen Kunstdenkmäler. Rheinland-Pfalz, Saarland, 2. Aufl. 1984. Darmstadt 1985, S. 859: Architekt nicht genannt.

4. Ortstermin am 11. Nov. 1968 mit Restaurator und Kirchenmaler Günther Daniel sowie Hans Plenz, damals Kuratoriumsmitglied der Puricelli'schen Stiftung. Die Bauschäden sollten durch den Trierer Statiker Schillo beseitigt werden. Die Stiftung und Günther Daniel verpflichteten sich, die neugotische Ausmalung zu erhalten und "schonendst" mit ihr umzugehen. – Akten im Amt für Kirchliche Denkmalpflege, Trier, Bischöfliches Generalvikariat.

5. Dr. Paul Baron von Kirsch-Puricelli (1896-1974): letzter Familieneigentümer der Rheinböller Eisenhütte. Constantin Graf von Plettenberg, Die Familie Puricelli als Auftraggeber der Binger Photographen Johann Bapt. und Jacob Hilsdorf. In: Binger Geschichtsblätter, 19. Folge. 1996. S. 49-51, 70. Dr. Paul Kirsch-Puricelli war damals Vorsitzender des Denkmalrates Rheinland-Pfalz.

6. Dazu und über ihre Person: siehe den Beitrag von Constantin Graf von Plettenberg in diesem Buche.

7. Albert Verbeek, der Bahnbrecher in der Neubewertung für den Historismus im Rheinland, hatte den Verfasser bereits 1968 auf Wiethase als den Urheber der Planung aufmerksam gemacht. – Siehe auch oben: Anm. 3. – Walter Marquaß, Heinrich Johann Wiethase. Diss. Aachen 1980. –

8. Hilger (wie A. 1), S.156, Abb. 33. – Der Bildhauer wird im Bereich der Kölner Dombauhütte zu suchen sein. Man könnte u. U. an den Bildhauer Nikolaus Steinbach aus Köln denken.

9. Der Maßwerkvorhang ist im Umkreis von Mainz, Frankfurt und Kiedrich zu Hause.

10. Es liegt keineswegs ein "5/8-Schluß" vor, wie in Kunstdenkmäler, S. 818, behauptet. – Im Dehio, S. 859, wird der Chorabschluß als über einem fünfseitigem(!) Grundriß beschrieben.

11. Man denkt an ähnliche Beispiele aus dem Parlerkreis als evtl. Vorbilder.

12. Der Chor ist nicht mit einem "achtseitigen" Pyramidenhelm bekrönt, wie in Kunstdenkmäler, S. 818, behauptet.

13. Man vergleiche die entsprechenden Vorbilder in der spätromanischen Kunst des Rheinlandes: etwa Türme und Chöre der Kirchen in Sinzig und Heimersheim.

14. Hilger (wie A. 3), S. 156.

15. Hilger (wie A. 3), S. 157.

16. Hilger (wie A. 3), S. 157. Hans Plenz, Rheinböllen, hat diese Nachricht an Hans Peter Hilger gegeben. Von Carl Will sind bis jetzt keine anderen Werke bekanntgeworden. Bei der hohen Qualität der Rankenmalerei müßte man den Maler von anderer Stelle her kennen. Oder sollte Wiethase den Entwurf geliefert haben, und Will wäre nur der Ausführende?

17. Beim ersten Ortstermin (11.11.68) wurde vereinbart, die Sockelbemalung der Rundpfeiler zu erhalten, ein Beschluß, der bei der nächsten Besprechung (22.1.69 in Gegenwart von Dr. Paul Kirsch-Puricelli) nicht aufrechterhalten werden konnte; die gemalten Draperien an den Säulen wurden daraufhin weggestrichen. (Vgl. Akten d. Amtes f. Kirchl. Denkmalpflege in Trier) Einige Farbphotos im Trierer Amt für Kirchl. Denkmalpflege haben den Vorzustand festgehalten.

18. Eine Kopie dieses Photos wurde mir von Herrn Constantin Graf von Plettenberg übermittelt.

19. Hilger (wie A. 3), S. 157. – Nach dem im Kölner Stadtarchiv (Nachlaß Wiethase) befindlichen Plan (Nr. 1108-172/1) ist Wiethase als Entwerfer anzusehen. Frdl. Hinweis von Herrn Constantin Graf v. Plettenberg.

20. Von Plettenberg, Photographien (wie Anm. 5), Abb. S. 38.

21. Zitiert nach: Reformer der Kirche, hg. von Peter Manns. Mainz 1970, S. 744 (W. Schamoni). – Siehe auch: Lexikon f. Th. u. Kirche IV, 1960, Sp. 273; in der neuesten Aufl. dess. Lex. ist der Engel nicht mehr genannt.

22. Freundliche Mitteilung von Herrn Constantin Graf von Plettenberg.

23. Die "Tres pueri" könnten ein Hinweis auf die drei Jünglinge im Feuerofen (Daniel) sein, die mitsamt den Vätern durch Christus befreit wurden.

24. Albrecht Weiland, Der Campo Santo Teutonico in Rom und seine Grabdenkmäler. (Der Campo Santo Teutonico in Rom, Hg. von Erwin Gatz. Bd. I.) Freiburg 1988, S. 648-649. Wilpert war von 1884 bis zu seinem Tode 1944 in Rom. – Von Plettenberg, Puricelli als Auftraggeber der Photographen (wie A. 5), S. 56-61 (5 Photos von Wilpert).

25. Weiland (wie A. 21), S. 649-651. Kirsch war von 1884 bis zu seinem Tode 1941 in Rom. – Von Plettenberg, Photographen (wie A. 5), S. 56.

26. Dank sei hier Herrn Prof.Dr. Hermann Josef Vogt (Tübingen) gesagt, mit dem dieser Sachverhalt besprochen werden konnte.

27. Ein interessantes ikonographisches Zeugnis für diese Deutung liefert eine Illustration in der Bibel aus Sant Pere de Roda (Paris BN lat. 6, A. 11.Jh.). Die vierte Gestalt im Feuerofen ist durch den Kreuznimbus als Christus bezeichnet. Vgl. Wilh. Neuß,

Die katalanische Bibelillustration um die Wende des ersten Jahrtausends. Bonn 1922, Abb. 99. – Ein ca. 100 Jahre jüngeres Zeugnis findet sich in der Bibel des Stephan Harding aus Cîteaux, Dijon ms. 14.

28. Hilger (wic A. 3), S. 157 (und Taf. 7): "vermutlich". Nach Mitteilung von Herrn Constantin Graf v. Plettenberg liegt der Entwurf von Wiethase im Kölner Nachlaß.

29. Inschrift: "Fac serpentem (et) pone eum pro signo – Mach eine Schlange und setze sie als Zeichen." Num. 21,8; vgl. Joh. 3,14.

30. Christoph Gerhardt, Die Metamorphosen des Pelikans. Exempel und Auslegung in mittelalterlicher Literatur. Mit Beispielen aus der Bildenden Kunst und einem Bildanhang. (Trierer Studien zur Literatur 1). Frankfurt 1979.

31. Hilger (wie A. 1), S. 157, nennt als Bildhauer Josef Anton Reiss. Von ihm sind mir bisher keine Bildwerke bekannt.

32. Die Glaubensaussage der "Immaculata Conceptio" bedeutet, daß Maria vom Augenblick ihrer Empfängnis an vor dem Makel der Erbsünde bewahrt war.

33. Thieme-Becker, Künstlerlexikon, Bd. XX (1927), S. 457. – Nachruf von Alexander Schnütgen, in: Zs.f.Chr. Kunst 1902, Sp. 341/2.

34. Hilger (wie A. 3), S. 157, Taf. 7.

35. Hilger (wie A. 3), S. 157. – Auf dem oben erwähnten alten Photo sieht man im Chor links vom Hauptaltar an der Wand ein (bescheideneres) Bild der Immerwährenden Hilfe hängen. – Zum Thema des Bildes: Lex.Chr. Ikonogr. III (1971), Sp. 173 f (Nr. 10); Marienlexikon Bd. 5 (1993), S. 421 f.

36. Hilger (wie A. 3), S. 157.

37. Ohne auf die Ikonographie und Bedeutung des Prager Jesuleins hier eingehen zu können, sei auf die fast rationalistische Feindschaft eines Trierer Weihbischofs hingewiesen: F. Ronig, Das Prager Jesulein. In: Paulinus, Trierer Bistumsblatt, 16.2.1969.

38. Kunstdenkmäler, S. 818 f ("kreisrunde kuppelgewölbte Gruft") und Abb. 761 (Schnittzeichnung).

39. Zum inneren und künstlerischen Zusammenhang: Hans-Berthold Busse, Gesamtkunstwerk, Liturgie und Gral. Zur Kulturgeschichte der Liturgie und des liturgischen Gerätes um die Jahrhundertwende. In: Schatzkunst Trier 1984, S. 47-58.

40. Kunstdenkmäler, S. 819 f. – Hilger (wie A. 3), S. 176, Anm. 93. – Schatzkunst Trier 1984. Ausstellungskatalog (Treveris Sacra. Hg. von F. Ronig).

41. Höhe: 24 cm. Silber, gegossen, getrieben, graviert, vergoldet, Emailmedaillons, Steine. – In der Form vergleichbare Kelche von Brems-Varain befinden sich in Trier St. Paulus (Schatzkunst 270) und in Bad Kreuznach St. Nikolaus (Stiftung der Familie Puricelli). – Anne-Marie Zander, Goldschmiede des 19. und 20. Jahrhunderts in Trier. In: Schatzkunst Trier 1984, S. 37-45, hier: S.40-43. – Schatzkunst Nr. 269.

42. Man denke wiederum an die oben genannten Herren Wilpert und Kirsch.

43. Die vollständige Inschrift nach einer freundlichen Mitteilung von Constantin Graf v. Plettenberg. – Höhe: 48,5 cm. Silber, gegossen, getrieben, graviert, emailliert, vergoldet. – Schatzkunst 1984, Nr. 278 (Abb.)

44. Höhe: 22 cm. Silber, gegossen, getrieben, graviert, vergoldet, Senkemail. – Schatzkunst 1984, Nr. 277. – Schatzkunst II, Forschungen und Ergebnisse. Treveris Sacra 4. Trier 1991, S. 32, zu Nr. 277.

45. Höhe: 61,5 cm, Silber, gegossen, getrieben, emailliert, teilvergoldet, Steinbesatz. – Schatzkunst 1984, Nr. 276.

46. Höhe: 188 cm. Silber, gegossen, getrieben, emailliert, teilvergoldet. – Schatzkunst 1984, Nr. 261.

47. Höhe: 62 cm, Silber, gegossen, getrieben, graviert, emailliert, vergoldet, Seinbesatz. – Kunstdenkmäler S. 820. – Schatzkunst 1984, Nr. 228. – Schatzkunst II (1991), Nachträge, Nr. 228.

48. Über die Firma Schürmann scheint es noch keine Monographie zu geben. Für den Trierer Domschatz hat Schürmann verschiedene Objekte, auch im Auftrag der Familie Puricelli, hergestellt. In den einschlägigen Künstlerlexika sind die Namen von Heinemann, Klenk und Schürmann nicht vertreten. – Marc Rosenberg, Der Goldschmiede Merkzeichen. 3. Aufl. II: Deutschland. Frankfurt a.M. 1923, S. 91, unter Frankfurt a.M.: "E.S. & Co." Ed. Schürmann & Co., seit 1863. – Wolfgang Scheffler, Goldschmiede Hessens. Berlin 1976.

49. An Stelle der irgendwann verlorenen Kreuzblume war auf unschöne Weise ein flächiges Kreuz befestigt worden (vgl. die alten Photos). Goldschmied Hans Alof (Trier) fertigte 1986 eine neue Kreuzblume an. Schatzkunst II (1991), Ergänzungen, Nr. 228.

50. Das Inventar befindet sich im Kreuznacher Stadtarchiv (Nachlaß Puricelli). Frdl. Hinweis von Herrn Constantin Graf v. Plettenberg.

51. Als Jüngstes Gericht gedeutet: Schatzkunst Trier 1984, Nr. 228.

52. 32 x 23 cm, rotes Leder, *Silber*, gegossen, genagelt, Steinbesatz. – Schatzkunst Trier 1984, Nr. 260. Das Material des metallenen Einbandes konnte aktuell (1996) auf Grund des gefundenen Silberstempels (800) neu betimmt werden. Frdl. Hinweis von Herrn Constantin Graf v. Plettenberg. – Schatzkunst II (1991), Nr. 260: von Schürmann.

53. Ein qualitätvoller Satz Rokoko-Tafeln (Simon Joseph Hermand, 1772) ist im Besitz der Pfarrei/Abtei St. Matthias in Trier: Schatzkunst 1984, Nr. 207.

54. Es könnte sein, daß Alexis Kleinertz (s. o.) Entwürfe zu den Stickereien geliefert hat. In der Zeitschrift für Christliche Kunst (hg. von Alexander Schnütgen, Köln) sind in einigen Jahrgängen ornamentale Vorlagen von Kleinertz für Meßgewänder abgebildet (1888, Sp. 343; 1890, Sp. 249-254, 363 f; 1891, Sp. 351-354; 1892, Sp. 351 f; 1894, Sp. 43 f). Allerdings sind die Bilder der "Nadelmalerei" in Rheinböllen nicht unbedingt auf Kleinertz zurückzuführen.

55. Höhe: 18,5 cm. Silber, gegossen, getrieben, graviert, Niello, Steinbesatz. – Schatzkunst Trier 1984, Nr. 254. – Zum Vergleich: Ein Kelch von Osthues von 1910, ebenfalls im Trierer Domschatz (Schatzkunst, Nr. 258).

56. Höhe: 13. cm. Silber, gegossen, getrieben, graviert, vergoldet. Stempel: J.C. Osthues. – Die Datierung ist übernommen aus: Schatzkunst Trier 1984, Nr. 249.

57. Höhe: 78,5 cm, Länge (inklusive der Füße):83 cm, Breite (inklus der Füße): 61,5 cm. Messing, gegossen, gesägt, graviert, verglast.

58. Nikolaus Irsch, Der Dom zu Trier (Die Kunstdenkmäler der Rheinprovinz). Düsseldorf 1931, S. 363. Dort ist die Höhe irrtümlich mit 6,5 cm angegeben.

59. Vgl. Eccli. 44,14.

60. Aus der Inschrift des romanischen Siegels der Stadt Trier. Vgl. Franz Ronig, Die älteste Abbildung des Trierer Stadtsiegels. In: Kurtrier. Jb. 1981 (Festgabe für Richard Laufner zu seinem 65. Geburtstag), S. 94-103, hier: S. 96.

61. Vierte Strophe des Hymnus zu Ehren des hl. Maternus im Trierischen Brevier.

62. Höhe: 33 cm. Silber, gegossen, getrieben, graviert, vergoldet, Steinbesatz. – Irsch, Dom, S. 364. – Schatzkunst Trier 1984, Nr. 255.

63. Hans Wolfgang Kuhn, Zur Geschichte des Trierer und Limburger Domschatzes. In: Archiv f.mittelrh. Kirchengesch. 28, 1976, S. 192 f.

64. Kuhn (wie vorige Anm.)

65. Mitteilung von Constantin Graf von Plettenberg.

66. Höhe: 89 cm, Länge: 89 cm, Breite: 50,3 cm. - Irsch, Dom, S. 363; dort aber irrigerweise auf 1896 datiert. - Der steinerne Pfeiler, auf dem der Schrein unter einer festen Glashaube in der Nische hinter dem Altar steht, wurde von Herrn Architekten Karl Peter Böhr (Trier) entworfen

67. Schatzkunst Trier 1984, Nr. 76. - Schatzkunst II (1991), Ergänzungen, Nr. 76.

68. Schatzkunst Trier 1984, Nr. 73 (und 75). Schatzkunst II (1991), Ergänungen, Nr. 73. - In demselben Bd. S. 101-115: Ulrich Henze, Die Trierer Kreuztafeln des frühen 13. Jahrhunderts. - Petrus Becker, Überlegungen zur Geschichte und zur Deutung des Kreuzreliquiars von St. Matthias. In: Kurtrier. Jb. 35, 1995, S. 89-98. - Ders., Die Benediktinerabtei St. Eucharius - St. Matthias vor Trier (Germania Sacra NF 34). Berlin 1996, S. 63, Datierung: nach 1243 oder 1246.

69. Buch der Weisheit 3,1.

70. Höhe: 79 cm. Silber, gegossen, getrieben, graviert, ziseliert,punziert, emailliert, vergoldet, Steinbesatz. - Irsch, Dom, S. 363. - Schatzkunst Trier 1984, Nr. 226.

71. Ein Vers der Fronleichnamssequenz. Dieser Vers wurde bis vor einigen Jahrzehnten bei der Erteilung des eucharistischen Segens während der ganzen Fronleichnamsoktav gesungen.

72. Ps. 94.

73. Helena gab ihren Palast dem Trierer Bischof als Kathedrale, Petrus ist Patron des Domes, der Apostel Matthias hat in der Trierer Matthiaskirche sein Grab und ist der Patron des Bistums. - Schatzkunst Nr. 226 ist statt Matthias Bartholomäus genannt.

74. Das älteste Zeugnis dafür bei Justinus Martyr (um 150), erste Apologie, Nr. 66 (BKV Frühchristliche Apologeten I, S, 81): "Denn nicht als gemeines Brot ... nehmen wir sie (Speise); sondern wie Jesus Christus..., als er durch Gottes Logos (hier: Geist) Mensch wurde, Fleisch und Blut um unseres Heiles willen angenommen hat, so sind wir belehrt worden, daß die durch Danksagung geweihte Nahrung ... Fleisch und Blut jenes fleischgewordenen Jesus sei." – Vgl. Schmaus, Katholische Dogmatik, IV,1 (3./4. Aufl.), München 1952, S. 213.

75. Höhe: 26 cm. Silber, vergoldet, gegossen, getrieben, graviert, ziseliert, Steinbesatz. - Schatzkunst Trier 1984, Nr. 227.

Heinz Rüddel

Das St. Franziska-Stift in Bad Kreuznach als Beispiel für die Umsetzung des Stiftungsgedanken der Franziska Puricelli

Einer der drei Söhne von Carl Anton – dem ersten Rheinböller Puricelli – war Heinrich (I.). Aus dessen Ehe mit Eugénie Traschler stammten neben einem Sohn, dessen Familie mit seinen beiden Söhnen früh ausstarb, zwei Töchter, nämlich die 1830 geborene Franziska ("Fanny") und die 1840 geborene Eugénie. Carl (III.) Puricelli heiratete seine Cousine Franziska und 1852 wurde Heinrich (II.) geboren, der 1900 relativ früh im Alter von 48 Jahren verstarb. Heinrich lebte im Amalienschlößchen im Bangert, dem heutigen Schloßparkmuseum. Carl (III.) Puricelli übernahm mit seinen Vettern den Familienkonzern in den letzten beiden Jahrzehnten des 19. Jahrhunderts. 1880 hielt Carl (III.) eine Kapitalbeteiligung von 1,65 Mill. Mark, das entsprach ca. 50 Prozent des Familienkonzernvermögens. Derselbe erhielt wegen der quasi innerfamiliären Heirat mit Franziska Puricelli einen größeren Anteil am Familienvermögen als seine zwei Vettern.

Parallel zum Anwachsen des Puricelli-Familienunternehmens wurde im 19. Jahrhundert das Stiftungswesen der Puricelli für unsere Region bedeutsam. Hierbei können vier sehr unterschiedliche Schwerpunkte aufgezeigt werden:

1. *Soziales Engagement*

    mit den erwarteten positiven Effekten auf das Betriebsklima im eigenen Konzern. Hierzu müssen die Errichtungen der Brotfabrik Junkermühle gerechnet werden, die für eine adäquate Ernährungsgrundlage der Hüttenarbeiter wichtig war sowie die Gründung eines Knappschaftsvereins der Rheinböller Hütte am 27.01.1860. Der Knappschaftsbeitrag wurde zu zwei Dritteln durch die Arbeiter und zu einem Drittel durch die Hüttenherren gezahlt. Diese Knappschaft war eine der sehr frühen Kranken- und Rentenversicherungssysteme in Deutschland.

2. *Stifter und Mäzenatentum*.

    Seit Mitte des 19. Jahrhunderts traten die Puricelli mehr und mehr als Stifter und Mäzene auf. Die Stiftung des Waisenhauses in Rheinböllen, des Franziska-Stiftes in Bad Kreuznach und des Blinden- und späteren Altenheims in Bingen sind drei herausragende Stiftungen der Familie (Plettenberg 1996, Sander 1988).

3. *Unterstützung von Pfarrgemeinden*

    und des Bistums bei Kirchenbauten, in der sakralen Kunst und in der Seelsorgearbeit.

4. *Schaffung und Förderung*

    von Kunstwerken und Denkmälern zum späteren Andenken und an den Ruhm der Puricelli-Familie. Als Baustile gewinnen hierbei die Neugotik sowie die Neorenaissance eine besondere Bedeutung in der hiesigen Region (Ress 1960, Plettenberg 1996).

Warum sind reiche Industriellenfamilien als Stifter und Mäzene um die Jahrhundertwende so prägend gewesen? Fünf sehr unterschiedliche Motive müssen als Möglichkeiten etwas näher diskutiert werden.

1. *Persönliche Lebensgestaltung und Stiftungen aus Dankbarkeit*
Franziska Puricellis 10 Jahre jüngere Schwester Eugénie genannt "Jenny" litt lange Zeit an Tuberkulose. Sie verstarb 1862 mit 22 Jahren im elterlichen Haus auf der Rheinböller Hütte. Franziska Puricelli kümmerte sich sehr intensiv um ihre Schwester. Franziska wurde 1830 geboren und wurde nach mehrjährigem Privatunterricht zwischen 1843 und 1848 am Institut der Badischen Großherzogin Stefanie in Mannheim unterrichtet und als höhere Tochter gebildet, wie es innerhalb des Großbürgertums des 19. Jahrhunderts üblich war. Franziska Puricelli heiratete 1851 Carl Puricelli und 1852 wurde Sohn Heinrich geboren. Der Sohn aus dieser humangenetisch problematischen Ehe war wahrscheinlich während seines kurzen Lebens nicht im Vollbesitz seiner Gesundheit. Neben ihrer Mutterrolle für Sohn Heinrich übernahm Franziska Puricelli Pflegeaufgaben für ihre 10 Jahre jüngere kranke Schwester. In einem Gemälde von Otto Rethel wird in einem Doppelporträt Jenny mit Fanny dargestellt. Franziska, genannt "Fanny" wird als fürsorgende und liebevolle Helferin charakterisiert. Unterstützung bei der Pflege von Jenny Puricelli leisteten auch die Dernbacher Schwestern. Gemäß des Wunsches von Jenny, sich für die genossene Unterstützung zu bedanken, wurde den Nonnen ein Waisen- und Krankenhaus in Rheinböllen gebaut und zur Nutzung überlassen. Der Frömmigkeitsaspekt wird von den Ordensschwestern verständlicherwei-

Bad Kreuznach: St. Franziska-Stift. Postkarte um 1910 (Nordansicht).

se speziell betont. In der von den Borromäerinnen geführten Chronik des St. Franziska-Stiftes heißt es z. B. über Franziska Puricelli. Die Todesanzeige sagt von ihr (Franziska Puricelli): *Kindliche Frömmigkeit, unerschöpflicher Eifer für die Zierde des Hauses Gottes und eine unbegrenzte Liebe zu den Armen, zeichneten ihr ganzes Leben aus. Lange Jahre hindurch wurde sie gereinigt im Feuerofen der Leiden, die sie mit bewundernswerter Geduld ertrug. Wie wahr dies ist, geht unter anderem schon daraus hervor, daß sie es war, die beinahe die ganzen Kosten für den Ausbau des Waisen- und Krankenhauses zu Rheinböllen sowie der dazugehörigen künstlerisch vollendeten Kapelle bestritt. In letzterer fand sie auf ihren Wunsch hin auch ihre letzte Ruhestätte.* "Wenn auch niemand mehr", sagte sie, "aus meiner Familie an mich denkt oder ein Vater Unser für mich

97

betet, die Kinder und die Kranken, in deren Mitte ich ruhe, werden meiner nicht vergessen". Sie gab ferner die Mittel zum Bau der neuen schönen Pfarrkirche in Seibersbach, eine große Summe für die neue Pfarrkirche in Kirn und zur Zeit des Kulturkampfes, als die katholischen Geistlichen gesperrt waren (1876-1882), ungezählte Tausende für notleidende Priester. Ihre Freude war Geben; die Armen und Notleidenden von nah und fern kannten und veehrten sie als barmherzige Wohltäterin, die nie versagte, wenn sie nur im Stande war zu helfen. Wie weit das ging, möge nur die eine Tatsache zeigen, daß sie einmal als der damalige Pfarrer von Rheinböllen wegen einer größeren Kirchenrechnung in Verlegenheit war, ihren kostbaren Schmuck versetzte, um ihm helfen zu können. Dieser Eifer wurde veredelt und gesteigert durch die lange schwere Krankheit, mit welcher der liebe Gott sie heimsuchte und durch die zunehmende Aussichtslosigkeit auf leibliche Nachkommenschaft". "Da Heinrich und Johanna", schrieb sie in ihrem Testament, "voraussichtlich keine Kinder bekommen, möchte ich den größten Teil meines elterlichen Vermögens für wohltätige Zwecke verwenden".

Die Frömmigkeit der Franziska Puricelli erscheint vielschichtig: sie scheint sowohl in die kirchlichen Strukturen des 19. Jahrhunderts fest eingebettet als auch recht eigenwillige Züge der Volksfrömmigkeit des späten Mittelalters gepflegt zu haben (Lenzenweger et al 1990). Für Fanny war es offenbar sehr bedeutsam gewesen als Medaillon eine Reliquie ihrer Namenspatronin zu besitzen. Ein Merkmal solcher Frömmigkeit ist z. B., daß sich weniger auf die Gnadenhaftigkeit des Heiles verlassen wird, sondern daß man sich durch viele gute Werke auch im ewigen Leben den rechten Platz sichern kann.

2. *Vorbildfunktion von Heiligen*

Franziska von Rom, die Namenspatronin von Franziska Puricelli, hatte ganz offensichtlich eine sehr spezielle Bedeutung für "Fanny". So stiftete Fanny nicht nur den Geldbetrag zum Bau und zur Inbetriebnahme des St. Franziska-Stiftes, sondern auch ihre persönliche Reliquie von der heiligen Franziska somit Dokument über deren Echtheit.

Reliquie der heiligen Franziska von Rom eingearbeitet in ein Medaillon von Franziska Puricelli

Franziska de Bussi, die von 1384 bis 1440 in Rom lebte, war die Tochter von angesehenen Eltern in Rom. Ihre Söhne starben jedoch alle vor ihr und ebenso ihr Ehemann. Ihre letzten Lebensjahre verbrachte sie in einem von ihr gegründeten Orden, der Genossenschaft der Benediktiner Oblaten (Melchers und Melchers, 1978). Äußerlich verlief ihr Leben, wie es Tausenden von Frauen beschieden ist: Jungfrau, Mutter, Witwe. Sie heiratete Lorenzo Ponziani, obwohl sie sich schon frühzeitig danach sehnte, in ein Kloster einzutreten; aber sie war ihm eine treue, aufopfernde Ehefrau, die seinem Leben den richtigen gesellschaftlichen Rahmen gab und sich sehr um ihre Kinder kümmerte. Nur im Dachgeschoß hatte sie sich eine Betstube eingerichtet, wo sie jede freie Minute betend verbrachte. Ihr Haushalt und die Erziehung ihrer sechs Kinder ließen sie immer noch genügend Zeit finden, ungezählte Gänge der Barmherzigkeit zu tun. Sie beschenkte die Armen in verschwenderischer Weise und pflegte in den Spitälern sogar Pestkranke.

Über Franziska von Rom werden zahlreiche "Visionen" berichtet, bei der man heute eher an psychopathologische Besonderheiten denken würde, wie sie bei Patientinnen mit Border-line-Persönlichkeitsstörungen und psychotischen Episoden bekannt sind.

"Trotz – oder wegen – ihrer Frömmigkeit mußte Franziska schlimm unter den Bedrängungen böser Geister leiden. Sie erschienen ihr während der Hausarbeit in Form von Schlangen, Hunden, widerwärtigen Menschen, gossen Jauche in den frisch gereinigten Speisesaal, packten sie von hinten an den Haaren und rissen sie zu Boden. Manchmal nahmen sie die Gestalt von Engeln an, sausten mit ihr hoch in die Luft und ließen sie dann unter Hohngelächter auf den Boden stürzen. Sie stellten ihr beim Tragen von Küchengerät das Bein oder warfen sie mit großer Gewalt die Kellertreppe hinunter. Als sie einmal mit dem Lesen heiliger Bücher beschäftigt war, erschienen mehrere Teufel in Gestalt wilder Tiere, zerrissen ihre Lektüre und warfen sie in einen großen Aschenhaufen. Dann schindeten sie Franziska so sehr, daß sie kaum noch als weibliches Wesen zu erkennen war". Als "schönste" Vision ist die Vision der drei Himmel überliefert. An einem Tag soll sie zuerst den Sternenhimmel, dann den Kristallhimmel, zuletzt den Feuerhimmel gesehen haben (Sellner, 1993).

Eine Darstellung von Franziska wie sie als typisch in Heiligenbüchern des 19. Jahrhunderts beschrieben wird, ist vor dem Klinikeingang des St. Franziska-Stiftes als Skulptur zu finden: Eine Nonne in Habit und mit Brotkorb.

Es lassen sich eine Vielzahl von Gemeinsamkeiten in der Biographie der Franziska von Rom im 15. Jahrhundert und der Franziska Puricelli im 19. Jahrhundert aufzeigen: Herkunft aus angesehenen Familien, Verlust der eigenen Kernfamilie, Mildtätigkeit, religiös geprägter Lebensstil.

3. *Persönliche Erfahrungen* in Krankheit, Not und Hilfe sowie Frömmigkeit waren verbunden auch mit ideologisch geprägten Zielen. Die Puricellis waren katholisch erzogen und geprägt und wollten Stiftungen im Umfeld der evangelischen Kirche mit parallelen Stiftungen für die katholische Kirche kontrastieren. Im Bad Kreuznach hatte die Deutsche Kaiserin das Viktoriastift als evangelische Einrichtung für Krankenpflege gestiftet. In ihrem Testament brachte Franziska Puricelli den Wunsch zum Ausdruck, eine ähnliche Institution unter katholischer Leitung in Bad Kreuznach zu errichten. In der Chronik des St. Franziska-Stiftes heißt es z. B. "*. . . Ich wünsche, daß Carl dort ein Krankenhaus für katholische Kinder baut, nach dem Muster des Viktoriastiftes. Ich denke mir Räume für ca. 100 Kinder, gedeckte Halle, schöne Schlafsäle, nicht zu groß aber nach oben ventiliert, spezielle Räume für Augenkrankheiten, ein Isolierhaus für Diphtherie, überhaupt in hygienischer Beziehung alles nach den neuesten und besten Erfindungen. Auch ein Operationszimmer darf nicht fehlen, ein Sprechzimmer für die Ärzte, ein Sprechzimmer worin man Fremde empfängt. Es muß eine würdige Hauskapelle errichtet werden, gute Räume für die Schwestern, luftige Speisezimmer für die Kinder. Die Anstalt wird geleitet von Schwestern und zwar von Borromäerinnen . . . Ein großer Garten darf nicht fehlen, Feld für Gemüse etc. Ein Gärtner muß da sein, der zugleich Portier ist. Das Haus soll nicht allein zwecksprechend gebaut werden, sondern muß sich auch architektonisch schön präsentieren. Preise müssen die selben sein, wie im Viktoriastift, es müssen aber wenigstens 12 Freistellen sofort kreiert werden, andere zu ermäßigtem Preis. Im Winter sollen die Schwestern eine Kleinkinderbewahrschule leiten,*

*fleißig die ambulante Krankenpflege in der Stadt üben, sich um
die Sakristei in der Nikolauskirche kümmern . . . die Kirchen-
wäsche flicken und instandhalten".*
In der Chronik des St. Franziska-Stiftes werden bis in die 30er
Jahre sehr ausführlich die Fronleichnamsfeiern in und um die
Klinik beschrieben, die Zahl der Konvertierungen jährlich festgehalten und einzelne Konvertierungen sehr detailliert und mit
ergriffenem Stolz ausführlich dargestellt.

4. *Die Gesamtsumme der Aufwendungen* für wohltätige Spen-
den und Stiftungen der Puricellis und der Kirsch-Puricellis in
den letzten Jahrzehnten des 19. Jahrhunderts und in den ersten
Jahrzehnten des 20. Jahrhunderts wird auf bis zu ca. 30 Millio-
nen Mark geschätzt.
Dagegen ist die Summe für die Errichtung des St. Franziska-Stiftes mit 400.000 Mark sogar relativ gering. In der Stiftungsurkun-
de heißt es: "*. . . zur schlüsselfertigen Herstellung des Baues
dürfen nicht mehr als 250.000 Mark, für die innere Einrichtung
nicht mehr als 50.000 verwendet werden*". Die Restsumme diente als Startkapital und zur Instandhaltung sowie zum Unterhalt
der Schwestern.
Für die Stiftung solcher enormen Summen sind möglicherweise
neben den persönlichen Erfahrungen von Leid und Not, der
Verwurzelung in christliche Religion und tätiger Nächstenliebe
auch weltanschauliche Gesichtspunkte relevant. Im angehenden
19. Jahrhundert herrschte in der Philosophie des Vornehmen
auch eine Haltung des aristokratischen und stolzen Gebens,
wobei oft Gewohnheiten berühmter Herrscher, z. B. des spani-
schen Königs, kopiert wurden.

Friedrich Nietzsche, dessen Schriften wahrscheinlich von
Franziska Puricelli gelesen wurden, entwickelt z. B. eine radi-
kale Philosophie, die im Kontrast zu der damals weitgehend
akzeptierten akademischen Philosophie stand, die durch die
Hinwendung zur Historie und zum Historismus geprägt war (von
Aster 1968, Nietzsche 1886).
In den 70er und 80er Jahren des letzten Jahrhunderts war das
Denken Nietzsches von der Leidenschaft erfüllt, die Möglichkeit einer neuen Kultur, eines neuen Menschen mit neuen
Werten zu begründen und vorzubereiten. Der Philosoph sollte
es sein, der als Schöpfer der Werte zu einer solchen neuen Kultur die Wege weist. Wie der Mensch selbst das Wesentliche der
Kultur ist, und nicht etwa objektive Güter und Bauten, so wurden als die höchstgesteigerten Formen des Menschen die großen Persönlichkeiten, die eine Kultur hervorbringt, angesehen.
Durch alle Perioden des Nietzsche'schen Schaffens zieht sich
die Gegnerschaft gegen Demokratie, Sozialismus und Christen-
tum als Gleichheitslehren. Dieser aristokratische Individua-
lismus wendet sich ebenso gegen das "grüne Weideglück der
Menge" wie gegen die Verabsolutierung des Staates. Bei den
einzelnen Menschen wird das Streben nach Behagen und klei-
nem Glück, das ängstlich-berechnende Vermeiden des Schmer-
zes und eine kränkliche Mitleidsempfindung für fremdes Leiden
als ein Zeichen der Dekadenz angesehen. Friedrich Nietzsche
gibt eine kurze prägnante Charakterisierung des Vornehmen im
"Jenseits von Gut und Böse" aus dem Jahre 1886: "Im Vordergrund steht das Gefühl der Fülle, der Macht, die überströmen
will, das Glück der hohen Spannung, das Bewußtsein eines
Reichtums, der schenken und abgeben möchte. Auch der vor-

nehme Mensch hilft dem Unglücklichem, aber nicht oder fast nicht aus Mitleid, sondern eher aus einem Drang, den der Überfluß von Macht erzeugt".

Möglicherweise kam es bei Franziska Puricelli zu einer sehr eigenwilligen Verknüpfung der persönlichen Frömmigkeit mit solchen philosophischen Gedanken, die zum umfassenden Schenken und Geben führten.

Solche Stiftungsgedanken fanden sich nicht nur im Deutschland des ausgehenden Jahrhunderts, sondern prägten auch Stiftungsgedanken im angelsächsischen Raum, speziell in den USA. Herr Stanford wollte nach dem Tode seines Sohnes eine komplette Universität stiften. Er lebte an der amerikanischen Ostküste und so lag es nahe, daß er sein enormes Vermögen der Harvard-Universität in Boston zur Verfügung stellen wollte. Seine Bedingung war, daß seine Stiftung zu dem Universitätsnamen Stanford führen mußte. Harvard lehnte aus universitärem Stolz ein solches Ansinnen ab, was Herrn Stanford dann bewog, an das andere Ende des Staates zu gehen und in der Nähe von San Francisco eine komplette Universität zu errichten. Sein Ziel war es, mit "seiner" Universität der ehrwürdigen Harvard-Universität wissenschaftlich den Rang abzulaufen. Heute sind sowohl Harvard als auch Stanford herausragende Universitäten in den USA.

5. *Wiedergutmachung*
Auch im 19. Jahrhundert war das Ansammeln eines enormen Familienvermögens nur durch ausgeprägte unternehmerische Fähigkeiten möglich. Einige Familienmitglieder des Puricelli-Clans lebten aber nicht immer ein moralisch-ethisch vorbildliches Leben. Die Frauen übernahmen in dieser Familie oft die wohltätigen und religiösen Aktivitäten. Durch ein großzügiges Stiftungswesen wurde möglicherweise bei einzelnen betroffenen Opfern direkte Wiedergutmachung und bei der Gesellschaft in den betroffenen Gemeinden und Städten eine indirekte Wiedergutachtung versucht.

Umsetzung des Stiftungswillens
In der Realisierung des Stiftungswillens von Franziska Puricelli gab es nach deren Tod 1896 offenkundig Schwierigkeiten. So dauerte es bis zum 14. Mai 1908, bis die Stiftung von den behördlichen Stellen akzeptiert war. Mehrmals wurde die Errichtung des Krankenhauses an anderer Stelle geplant, bis schließlich am 04.08.1909 die Grundsteinlegung auf dem heutigen Klinikgelände erfolgte. Der Neubau war im Oktober 1910 abgeschlossen. Zu Ehren von Fanny Puricelli wurde die Straße vor dem Krankenhaus Franziska-Puricelli-Straße benannt. Die Klinik trägt den Namen St. Franziska-Stift nach dem Willen von Fanny Puricelli und soll an die Namenspatronin von Fanny Puricelli, an Franziska von Rom erinnern.
Wer kümmerte sich eigentlich nach dem Tode von Franziska Puricelli heute vor 100 Jahren um die Realisierung der Stiftungsabsicht? Aus dem Familienclan waren die mächtigen Geschäftsführer Hermann Puricelli bereits 1897 gestorben und Carl (III.) (1824 geb.) bereits im Greisenalter. Der Sohn Franziskas, Heinrich Puricelli, war krank und verstarb bereits im Jahre 1900. Seine 2. Ehefrau heiratete nach dem Tode von Heinrich Herrn Hermann Stöck, der die Umsetzung des Stiftungswillens schließlich in die Hand nahm und den Bau des St. Franziska-Stiftes initiierte und überwachte.

Der letzte einflußreiche Geschäftsführer des Puricelli-Konzerns Nikolaus Kirsch-Puricelli hatte zu Beginn dieses Jahrhunderts andere Schwerpunkte für die Geldinvestition als die Umsetzung von Stiftungsvorstellungen aus seiner Familie. Zwischen 1898 und 1903 wurde mit großem finanziellen Aufwand die Burg Reichenstein in Trechtingshausen ausgebaut.

Wie verändert die soziale Realität einen abstrakten Stiftungswillen? Das St. Franziska-Stift war erbaut und die Klinik wurde feierlich am 08.11.1910 eröffnet. Mit Datum vom 09.11.1910 findet sich nur eine kleine Meldung unter Lokales in der Kreuznacher Zeitung. "Gestern nachmittag 3.00 Uhr erfolgte die feierliche Einweihung des neuen Franziska-Stiftes in Gegenwart einer Anzahl geladener Gäste. Den Weiheakt nahm Herr Geistlicher Rat Sellen aus Rheinböllen vor. In einer vorhergehenden herzlichen Ansprache wies dieser auf die Stifterin hin, die das Werk geplant und auf ihre Erben, die es vollendet hätten, schilderte dann den idealen Zweck des Hauses und dankte zum Schluß allen denen, die an der Erstellung des schönen Gebäudes mitgewirkt haben. Zu Beginn und Schluß der Feier sang der Kirchenchor St. Wolfang-Heilig-Kreuz unter Leitung seines Dirigenten, des Herrn Lehrers Rister, einige passende Chöre. Nach der Einweihung besichtigte ein großer Teil der Erschienenen das Haus, dessen Einrichtungen sich in jeder Beziehung als mustergültig darstellen".

Am 14.11.1910 erfolgte die Aufnahme der ersten 14 Patienten. Zunächst wurden nur Frauen aufgenommen, jedoch wurde bereits am 28.11.1910 der erste Mann in das St. Franziska-Stift registriert. Die Entwicklung im Krankenhaus wurde schnell durch die Kriegs-wirren überrollt. Aus den Patientenaufzeichnungen und Diagnosestatistiken geht z. B. hervor, daß am 25.08.1914 das Lazarett St. Franziska-Stift, Abteilung Reserve/Lazarett II eingerichtet wurde und am 16.12.1918 aufgelöst wurde. In diesem Lazarett standen 120 Betten, während des 1. Weltkrieges wurden 2.856 Soldaten behandelt und verpflegt. Insgesamt werden 128.400 Verpflegungstage dokumentiert. Aus der Statistik heißt es, "von den Verpflegten waren: Katholiken 847, Protestanten 1.773, Juden 18, Dissidenten 218. Es wurden 1.047 Offiziere und 1.800 Soldaten sowie 9 Kriegsgefangene behandelt und verpflegt".

Nach dem ersten Weltkrieg sind bis zum Jahre 1956 vollständig die Krankenheitsstatistiken und Personalstatistiken des St. Franziska-Stiftes vorhanden. Daraus geht hervor, daß bis auf die Jahre 1920 und 21 bereits sowohl Frauen als auch Männer in dem "Frauenhaus" behandelt wurden. Die Ausrichtung des Krankenhauses richtete sich damals weniger an dem abstrakten Stiftungswillen der Franziska Puricelli aus dem angehenden 19. Jahrhundert als an den realen Bedürfnissen im turbulenten 20. Jahrhundert aus.

Dies wird auch aus der Krankheitsstatistik des Krankenhauses deutlich, die vollständig überliefert ist.

Nach dem ersten Weltkrieg wurden in durchschnittlich 107 Betten (Schwankungen zwischen 100 und 120 Betten je nach Berichtsjahr) ca. 1.000 Patienten pro Jahr behandelt.

In der Krankheitsstatistik zu Beginn dieses Jahrhunderts werden 1. Entwicklungskrankheiten wie angeborene Lebensschwäche, angeborene Mißbildungen, Altersschwäche, andere Entwicklungskrankheiten einschließlich Frühgeburten von 2. Infektions- und parasitären Krankheiten unterschieden und 3. "Sonstigen

Allgemeine Erkrankungen". Ca. 50 Prozent dieser dritten Krankheitskategorie machen Neubildung und Geschwülste aus. Zu den häufigsten infektiösen und parasitären Erkrankungen gehörten die tuberkulöse Lungenentzündung, die Tuberkulose anderer Organe, die Lungenentzündung sowie die Influenza. Desweiteren werden folgende "Örtliche Krankheiten" unterschieden: Krankheiten des Nervensystems, Krankheiten der Atmungsorgane, Krankheiten der Kreislauforgane, Krankheiten der Verdauungsorgane (hierbei nahm die Blinddarmentzündung etwa die Hälfte aller Erkrankungshäufigkeiten ein, gefolgt von den Hernien), Krankheiten der Harn- und Geschlechtsorgane, Krankheiten der äußeren Bedeckungen, Krankheiten der Bewegungsorgane, Krankheiten des Ohres, Krankheiten des Auges, Verletzungen.

In der Abb. 3 sind die durchschnittlichen Krankheitshäufigkeiten in den Jahren 1919 bis 1923 aufgrund der Krankheitenstatistik des St. Fanziska-Stiftes zusammengestellt. Auffällig ist, daß

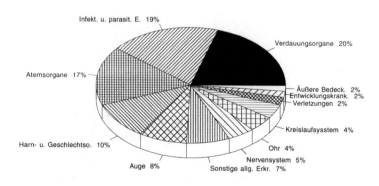

Übersicht der Krankheitsstatistiken vom 01.01.1919 bis 31.12.1923 der im Franziska-Stift nach dem 1. Weltkrieg behandelten Patienten und Patientinnen (aus dem Archiv der Klinik)

infektiöse Erkrankungen und Erkrankungen der Verdauungsorgane den größten Anteil der Krankheitsstatistik ausmachen. Heute dominieren in den Krankheitsstatistiken der Akutkrankenhäuser die Herz-Kreislauf-Erkrankungen und die Neoplasien (Statistisches Jahrbuch 1996) und bei den Patienten der Psychosomatischen Fachklinik St. Franziska-Stift ganz andere Erkrankungen, nämlich die Neurosen.

Nach dem zweiten Weltkrieg war die Bettenzahl nur unwesentlich angestiegen auf ca. 140, jedoch wurde bereits zu Beginn der 50er Jahre eine wesentlich größere Zahl von Patienten behandelt. Aus dem Jahre 1955 wird z. B. berichtet, daß in diesem Jahr 536 Männer und 3.357 Frauen behandelt wurden. Es erfolgten 660 Patientenbehandlungen in der Chirurgie, 521 in der Inneren, 1038 in der Gynäkologie und Geburtshilfe, 540 in der Entbindungsanstalt, 801 mit Säuglings- und Kinderkrankheiten, 91 mit HNO-Krankheiten und 242 mit Augenkrankheiten. Nach dem zweiten Weltkrieg wurde eine Vielzahl von Kindern in der Stadt Bad Kreuznach im St. Franziska-Stift geboren. Aus dem Jahre 1955 sind z. B. 478 Geburten dokumentiert, davon 464 Einzelgeburten, 14 Zwillingsgeburten und 20 Totgeburten.

In der personellen Ausstattung dominierten seit Eröffnung der Klinik und insbesondere seit den 50er Jahren die Krankenschwestern. Im Jahre 1955 sind 40 Krankenschwestern sowie 12 freiberufliche Hebammen tätig, 52 sonstiges Personal im Wirtschaftsbereich, Verwaltungsbereich und als technisches Hilfspersonal. Es sind in der Klinik insgesamt 9 Ärzte tätig gewesen, ein Chefarzt für die Internistische Abteilung, ein Chirurgischer Chefarzt, ein Chefarzt für Frauenkrankheiten und Geburtshilfe, ein Chefarzt für Kinderkrankheiten sowie für Augenkrankheiten, HNO-

Bad Kreuznach: Fachklinik für Psychotherapie und Psychosomatik St. Franziska-Stift. Rechts der Altbau von 1910 (ehem. Puricelli'sches Krankenhaus), links der Neubau von 1990/91 (Bettenhäuser und Funktionsräume) des Caritas Trägerverbandes Trier. Gesamtsituation 1993.

Krankheiten sowie insgesamt 3 Assistenzärzte im ganzen Haus. In der heutigen Psychosomatischen Fachklinik St. Franziska-Stift bilden Ärzte und Psychologen mit 31 Personen auf 27 VK-Stellen die größte Angestelltengruppe in der Klinik.

Die durchschnittliche Verweildauer ist über alle Jahrzehnte dieses Jahrhunderts kontinuierlich zurückgegangen. Betrug noch nach dem ersten Weltkrieg die durchschnittliche Behandlungszeit in einem Akutkrankenhaus der Regelversorgung ca. vier Wochen, so war bis zum Jahre 1970 die Verweildauer in Akuthäusern auf 24,6 Tage gesunken. 1980 betrug die durchschnittliche Behandlungszeit noch 19,6 Tage, 1990 nur 16,7 Tage und sinkt seitdem rapide. Z. Zt. liegt die durchschnittliche Behandlungsdauer im Akutkrankenhaus bereits bei 10 Tagen und im Jahre 2000 dürfte sie auf unter 8 Tage gesunken sein. Das bedeutet, daß pro Krankenhausbett wesentlich mehr Patienten behandelt werden können (und müssen) und daß sich damit das Personal sehr deutlich von der Versorgung, Pflege und Heilung zur Akutintervention ändern muß. Konsequenterweise mußte in den 90er Jahren die Zahl von Akutkrankenhäusern reduziert werden und im Jahre 1988 wurde das Krankenhaus St. Franziska-Stift geschlossen. Die Caritas Trägergesellschaft Trier (CTT) übernahm den Umbau und die Trägerschaft für das St. Franziska-Stift. 1991 wurde eine moderne modellhafte Rehabilitationsklinik, die Psychosomatische Fachklinik St. Franziska-Stift, eröffnet.

Die Verbesserung der Gesundheit bei Patienten mit chronischen psychosomatischen Störungen als Herausforderung der heutigen Zeit.
Um die Jahrhundertwende lag die wichtigste Herausforderung in der Medizin in der Bekämpfung von Infektionskrankheiten und konsumierenden Erkrankungen und dies speziell bei Frauen und Heranwachsenden. Heute stehen Infektionskrankheiten nicht mehr im Vordergrund, sondern chronische Erkrankungen und sehr komplexe Störungen, die biologisch-medizinische Aspekte, psychische Aspekte und soziale Aspekte berühren. In den letzten Jahrzehnten hat sich die medizinische Disziplin, die sich mit der Diagnostik und der Therapie solcher komplexer Störungen systematisch beschäftigt, nämlich die Psychosomatik als anerkannte medizinische Disziplin und geachtetes wissenschaftliches Fach etabliert. In der Psychosomatik wird in einem multiprofessionellen Team eine systematische Zusammenarbeit zwischen Ärzten, Psychologen, Funktionstherapeuten und dem Pflegepersonal umgesetzt. Es werden in der Diagnostik sowie in der Therapie von Erkrankungen systematisch biologisch-medizinische, psychische und soziale Aspekte berücksichtigt. Eine solche Definition nimmt Abschied von der Vorstellung, daß es so etwas wie typische psychosomatische Erkrankungen gäbe, wie z. B. das Ulcus duodeni oder die arterielle Hypertonie oder chronisch-entzündliche Darmerkrankungen, wie es beispielsweise in den 50er Jahren postuliert wurde.

Trotz der Weiterentwicklungen in der Psychosomatik ist eine relativ lange Leidensgeschichte bei den heutigen Patientinnen und Patienten des St. Franziska-Stiftes charakteristisch, bevor der Weg in kompetente ambulante und/oder stationäre Behandlung gefunden wird.

Im Durchschnitt findet sich bei diesen Patienten eine Beschwerdevorgeschichte von 6 Jahren, bevor eine effektive Behandlung durchgeführt wird. Ich benutze den Begriff effektive Behandlung deshalb, weil gerade in der Psychosomatischen Medizin und speziell in der psychosomatischen Rehabilitation in den letzten Jahren sehr deutlich gezeigt werden konnte, daß eine konsequente psychosomatische/psychotherapeutische Behandlung sowohl kosteneffektiv ist als auch eine deutliche Verbesserung in der Befindlichkeit der Patienten bewirkt. Der Gesundheitsstatus des Patienten wird bei einem großen Anteil der Patienten dauerhaft und "kostengünstig" verbessert (Wille und Irle 1996, Lamprecht 1996).

Die Psychosomatik hat sich in den letzten Jahren nicht nur inhaltlich und wissenschaftlich weiterentwickelt, sondern hat auch eine sehr komplexe Namensänderung hinter sich. Unter Psychosomatik wird heute allgemein ein Ansatz verstanden, in den biologischmedizinische, psychische und soziale Aspekte systematisch für die Entstehung und Behandlung von Erkrankungen betrachtet werden. Die medizinische Fachdisziplin heißt allerdings nicht mehr Psychosomatik, sondern Psychotherapeutische Medizin. Mit dieser Gebietsbezeichnung soll eine Fachdisziplin beschrieben werden, ohne den Arbeits- und Denkansatz der Psychosomatik, der ja für alle medizinische Arbeitsweisen gilt, einzuzuengen. Eine Kollegin oder ein Kollege zur Ausbildung zum Facharzt für Psychotherapeutische Medizin muß somit internistisches und psychiatrisches Handwerk lernen sowie eine profunde psychotherapeutische Weiterbil-dung durchlaufen. Die Ärztekammern haben ein sehr anspruchsvolles Curriculum für diese 5jährige Weiterbildung verabschiedet, mit dem Ziel, daß zum Ausklingen dieses Jahrhunderts eine ausreichende Zahl von qualifizierten Medizinern verfügbar ist, um die zunehmenden psychosomatischen Störungen der Erkrankungen auch adäquat erkennen und behandeln zu können.

Literaturverzeichnis

Aster von, E.: Geschichte der Philosophie, Kröner Verlag, Stuttgart 1968 (S. 369 ff)

Bahn, P.: Die Puricellis. Geschichte und Wirken einer rheinischen Industriellenfamilie, Pandion Verlag, Bad Kreuznach 1989

Bundesministerium für Gesundheit (Hrsg): Statistisches Taschenbuch Gesundheit, Bundesministerium für Gesundheit, Bonn 1996

Lamprecht, F.: Die ökonomischen Folgen von Fehlbehandlungen psychosomatischer und somatopsychischer Erkrankungen, PPmP 46: 283-291, 1996

Lenzenweger, J., Stockmeier, P., Amon, K., Zinnhobler, R. (Hrsg): Geschichte der kath. Kirche, Styria Verlag, Graz 1990 (S. 306-309)

Melchers, E., Melchers, H. (Hrsg): Das große Buch der Heiligen, Südwestverlag, München, 1978 (S. 149-151)

Nietzsche, F.: Jenseits von Gut und Böse, Vorspiel einer Philosophie der Zukunft, C.G. Neumann, Leipzig 1886

Plettenberg, C. Graf von: Die Familie Puricelli als Auftraggeber der Binger Photographen Johann Baptist und Jacob Hilsdorf; Ders.: Das Palais Puricelli oder das sogenannte Empire Haus am Speisemarkt in Bingen, Binger Geschichtsblätter 19, 1996

Ress, F. M.: Bauten, Denkmäler und Stiftungen deutscher Eisenhüttenleute. Verlag Stahleisen, Düsseldorf 1960

Sander, M.: Die Familie Puricelli und ihre sozialen und kulturellen Aktivitäten im Rhein-Nahe-Hunsrückraum. Unveröffentlichte Facharbeit im Leistungsfach Geschichte an der Alfred-Delp-Schule. Hargesheim 1988

Sellner, A. C.: Immerwährender Heiligenkalender, Eichhorn Verlag, Frankfurt 1993 (S. 91-92)

Wille, G., Irle, H.: Psychosomatik trotz "Sparpaket" ein zentraler Bereich der medizinischen Rehabilitation, DAng Vers 10/1996: 449-456, 1996

Für Materialhinweise sowie Informationen danke ich
- Frau M. Gellweiler, Pflegedirektorin des St. Franziska-Stiftes, Bad Kreuznach
- Constantin Graf von Plettenberg, Frankfurt/M.
- den Mitgliedern des Puricelli Arbeitskreises der Rotary Clubs, Bad Kreuznach und Bad Kreuznach-Nahetal
- Frau Dr. Fink im Stadtarchiv der Stadt Bad Kreuznach
- Familie Schmitz, Burg Reichenstein, Trechtingshausen
- Schwestern im Archiv des Mutterhauses der Borromäerinnen in Trier
- Frau U. Moritz und Dechant U. Laux, Heilig Kreuz Gemeinde, Bad Kreuznach
- Franziska-Puricelli-Ausstellung 1996 der Sparkasse Rhein-Nahe und der Katholischen Kirchengemeinden der Stadt Bad Kreuznach
- Puricelli-Ausstellung 1996/97 im Schloßparkmuseum Bad Kreuznach (organisiert von R. von Diepenbroick)

Klaus Freckmann

Burg Reichenstein am Rhein
als Herrensitz der Puricelli

Rhein und Burgen, insbesondere der Mittelrhein, sind eine Metapher, eine Identität und auch ein Klischee, vor allem im Hinblick auf deren Altehrwürdigkeit; denn manche Burg ist im 19. Jahrhundert aus Ruinen neu entstanden, zu einer Zeit, als, kulturhistorisch gesehen, die sogenannte Rheinromantik blühte.[1] So verhält es sich auch mit Reichenstein oberhalb von Trechtingshausen, in unmittelbarer Nachbarschaft von Burg Rheinstein, einer Anlage, die 1825 von dem preußischen Prinzen Friedrich Ludwig erworben und danach wiederaufgebaut wurde. Reichenstein oder Falkenburg – diese Bezeichnung war im 19. Jahrhundert gängiger – blickt auf eine überaus bewegte Geschichte zurück, die hier nur in wenigen Zügen skizziert sei: Die erstmals 1214 genannte Habsburg geht auf die Reichsministerialen von Bolanden zurück, die mehrere Burgen am Mittelrhein gründeten und dem Bischof von Mainz eng verbunden waren[2]. Da die Burgherren den Territorialherren und der Kaufmannschaft an der Verkehrsschiene des Rheines zu eigenständig wurden, rüstete der Rheinische Städtebund gegen den "Raubsitz" und legte ihn 1253 nieder. Die bald neu errichtete Burg wurde 1282 durch König Rudolf von Habsburg ein zweites Mal zerstört. Vermutlich schleifte man die Anlage nicht gänzlich. Die mächtige Schildmauer im Norden und ein auf ihr stehendes polygonales Erkertürmchen sind aller Wahrscheinlichkeit

in dem Nachfolgebau aufgegangen, der auf einem Atlasblatt des Kurmainzer Kartographen Godfried Maskop von 1576/77 wiedergegeben ist (Abb. siehe S. 109).[3] Dargestellt sind im wesentlichen die Rheinstein als "Bonifaciusbergh" und knapp am rechten Bildrand die Reichenstein; unter ihr liegt am Rheinufer die Kirche St. Clemens. Demnach war die Reichenstein ein viel bescheidenerer Bau als die südliche Nachbarburg. Die baulichen Angaben auf Maskops eher miniaturhaften Abbildungen werden im großen und ganzen auch von anderen Zeichnungen und Stichen bestätigt – beispielsweise von einem Blatt im "Politischen Schatzkästlein", Ausgabe von 1629.[4]

Da Rheinstein und Reichenstein nicht zu Festungen ausgebaut wurden oder werden konnten, hatten sie schon im 16./17. Jahrhundert – im Zuge der verbesserten Feuerwaffen – keine große strategische Bedeutung mehr. Dieses Schicksal teilten diese Anlagen – abgesehen von Ehrenbreitstein bei Koblenz und Rheinfels oberhalb von St. Goar – mit den übrigen mittelrheinischen Burgen, die in zunehmenden Maße baulich vernachlässigt wurden. Schließlich, 1689, bombardierten oder sprengten die Truppen Ludwigs XIV. fast alle noch übriggebliebenen, halbwegs intakten Burgen am Rhein. Reichenstein, da bereits im desolaten Zustand, blieb immerhin mit seinem aufgehenden Mauerwerk erhalten und bewahrte seine alte Kontur, wie sich anhand der

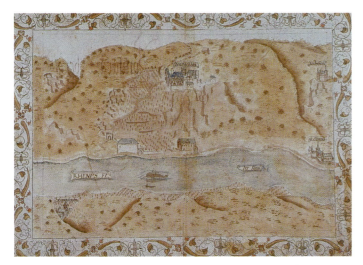

*Godfried Maskop, 1576/77, Ansicht der Burgen Rheinstein, Reichenstein (= „Bonifacius-
bergh") und der Kirche St. Clemens (Staatsarchiv Würzburg, MRA, "Mainzer Risse und
Pläne", Wandgestell 10, nach fol. 47)*

William Tombleson, Views of the Rhine, 1832, „Ruins of Falkenberg"

ab dem frühen 19. Jahrhundert immer beliebteren Panora-
ma-Karten des Rheines und seiner näheren Umgebung feststellen läßt. Ein solches Werk – 1825 von J. W. Delkeskamp in Frankfurt am Main herausgegeben, "nach der Natur aufgenommen,
gezeichnet und gestochen" – zeigt als markante Charakteristika
der "Falkenburg" (= Reichenstein) die nach Norden gerichtete
Schildmauer mit schmalem Eckturm und daran stoßend, nach
Süden, einen niedrigeren, ebenfalls mit Zinnen bewehrten rechteckigen Bau; alles umgeben von einer Ringmauer. Ist auf dieser
Faltkarte mit ihren nur winzig wiedergegebenen touristischen
Sehenswürdigkeiten die schlechte bauliche Situation der Burg
nicht gut erkennbar, so zeigt sich das recht drastisch auf der Abbildung "Ruins of Falkenberg" in dem Band "Views of the Rhine"
des englischen Zeichners, Kupferstechers und Verlegers William
Tombleson, 1832 in London erschienen. Diesen Zustand bestätigen auch die bekannten Aquarellskizzen, die Joseph Mallord
William Turner auf seiner Rheinreise um 1841 zeichnete.[5] Ähnlich sah der französische Dichter Victor Hugo die Burg, als er
sich 1838 am Rhein aufhielt und im Vergleich zur damals ebenfalls noch nicht wiederaufgebauten Sooneck sagte: "Une ruine
plus mélancolique encore se cache dans les plis de ces montag-
nes, c'est Falkenburg".[6]

Hugo verbindet diesen Ort mit legendären Geschichten, die er
aus dem Mittelalter schöpft. Konkreter wird es wieder, wenn
wir uns weiteren Skizzen des 19. Jahrhunderts zuwenden, und
zwar solchen, wie sie 1862 der Archivrat Leopold Eltester zu
Papier gebracht hat.[7] Sein Grundriß der Reichenstein stellt eine
Anlage mit einem äußeren und inneren Zwinger sowie einem
rechteckigen Kern mit abgerundeten Ecken bergseits vor, den

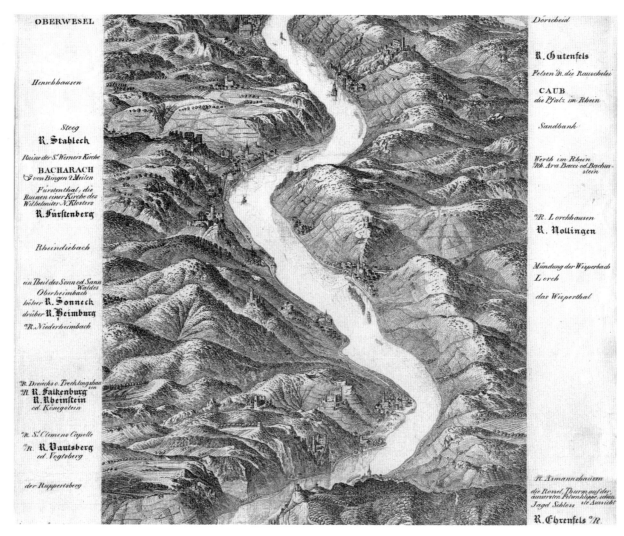

J. W. Delkeskamp, Panorama-Karte des Rheines, 1825, linke Bildhälfte Ausschnitt mit der Umgebung von Trechtingshausen

sich ein innerer Burghof im Süden und ein Hauptwohngebäude im Norden mit verfallenem Nebenhaus teilen. Der Wohnbereich wird zum Burggraben hin (wieder im Norden) von der genannten mächtigen Schildmauer beschirmt, deren rheinseitige Ecke im Osten den besagten mehrseitigen Turm trägt – direkt gegenüber der Zugbrücke.

Bürgerliches Eigentum wurde die Ruine mit den zugehörigen Weinbergen 1802.[8] Nach drei Verkäufen erwarben schließlich 1898 Dr. Nicolaus Kirsch-Puricelli, *"Hüttenbesitzer zu Rheinböllerhütte"*, und seine Ehefrau Olga von *"Herrn Paul Kosidowski, Kaiserlich Deutscher Consul und dessen Gemahlin Frau Anna geborene Gubalke, ohne besonderen Stand, beide zu Mexiko wohnend" "die in der Gemeinde Trechtingshausen am Rhein gelegene Besitzung 'Burg Falkenburg' auch 'Reichenstein' genannt mit allen Zubehörungen . . ."*[9] Die Voreigentümer von Dr. Kirsch-Puricelli hatten bereits einige Restaurierungsmaßnahmen durchgeführt. Insgesamt hatte sich an dem baulichen Zustand aber nicht so viel geändert, als daß die Bildquellen des frühen und mittleren 19. Jahrhunderts nicht auch für dessen späte Jahrzehnte herangezogen werden könnten.

Mit der Familie Kirsch-Puricelli ergab sich für die Reichenstein eine neue Ära. Dieses Geschlecht von Industriellen und Großgrundbesitzern hatte nun eine seinem gesellschaftlichen Rang entsprechende Immobilie gefunden, die es ihm erlaubte, weit sichtbar seine wirtschaftliche Bedeutung zu zeigen – und das in der Nähe des preußischen Herrscherhauses, das einige der Nachbarburgen wiederaufgebaut hatte. War man in der Lage, der Reichenstein eine würdige und repräsentative Gestalt zu geben, so hatte man sich über die bürgerliche Welt erhoben und gehörte faktisch der Nobilität an. Es galt nur, den Aufbau zu realisieren.

Die Kirsch-Puricelli waren nicht nur im Rheinland überaus begütert, sondern auch in Bayern. Dort, in Regensburg, unterhielten sie ein eigenes Baubüro, das mit der Aufgabe beauftragt wurde, die Ruine Reichenstein in einen Herrensitz mit anspruchsvollem historistischem Äußeren und neuzeitlichem inneren Wohnkomfort umzuwandeln. Verantwortlicher Architekt war Georg Strebel (1852-1911),[10] dessen Baupläne glücklicherweise erhalten sind.[11] Ein Blick auf den Katasterplan von Trechtingshausen, Flur 4, erklärt die Eigentumsverhältnisse "Im Schloßberg" zur Zeit des Grundstückserwerbs von Dr. Kirsch-Puricelli im Jahre 1898 (Abb. s. u.). Im Norden werden die gelblich-gräulich gekennzeichneten Parzellen des Schloßareals von der am Rhein verlaufenden Provinzialstraße Köln-Mainz und im Süden von dem Morgenbachtal be-

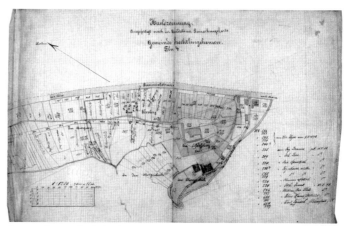

Katasterplan von Trechtingshausen mit den von Dr. Kirsch-Puricelli 1898 erworbenen Grundstücken.

111

Plan der Burg Reichenstein, Architket Georg Strebel, 1901 (Rheinl.-Pfälzisches Landesamt für Denkmalpflege..., Mainz).

grenzt. Die Gebäulichkeiten oder Ruinen im eigentlichen Schloß-gelände sind rot abgesetzt. Ein schmaler Weg führt von der Provinzialstraße hierhin. Der nächste Situationsplan (Abb. s. u.) – Zustand von 1901 – zeigt das gesamte Planungsvorhaben: rechts – schwarz abgesetzt – das "Vorwerk Falkenburg" mit einem Tor an der Zufahrt, das von zwei Rundtürmen flankiert wird; links – ebenfalls schwarz – die Burganlage; zwischen Vorburg und Burg ein Tennisplatz, von dem man zu einem rot hervorgehobenen Karree, dem "Königsturm", einem Belvedere, gelangt. Die Ge-samtlänge des bebauten Grundes beläuft sich – gesehen in Nord-Süd-Richtung, also vom Tor der Vorburg bis zum letzten Turm der Umfassungsmauer um die Hauptburg – auf 200 m Länge (vgl. Abb. o.; Original im Maßstab 1 : 200). Deutlich unterscheidet sich von der Rheinseite aus das langgestreckte Bauensemble nach seiner Masse, Plastizität und Höhe in die beiden sozial unter-schiedlichen Kernbereiche des Wirtschafts- und Personalhofes einerseits sowie des Herrenhauses andererseits. Dem Besucher

öffnet sich die Gesamtanlage mit dem Doppelturmtor der Falken-burg, die über geräumige Weinkeller verfügt. Das hofseitige Par-terre – heute Restaurant – diente als Stall für die eigenen Pferde, als "Fremdenstall", Sattelkammer und Wagenremise; die Woh-nungen der Eckhäuser waren vom Schloßpersonal belegt (Abbn. S. 113). Dieser Wirtschaftskom-plex ist insgesamt eine Schöp-fung des frühen 20. Jahrhun-derts, allerdings mit histori-sierenden Formen der Archi-tekturglieder. "Mittelalterlich" wird es erst hinter der drei-bogigen Zugbrücke, welche die herrschaftliche Zone, Burg oder Schloß Reichenstein, er-schließt. In den Grundrissen der vier Ebenen – Parterre, 1.

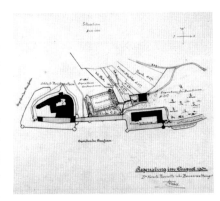

Situationsplan, 1901.

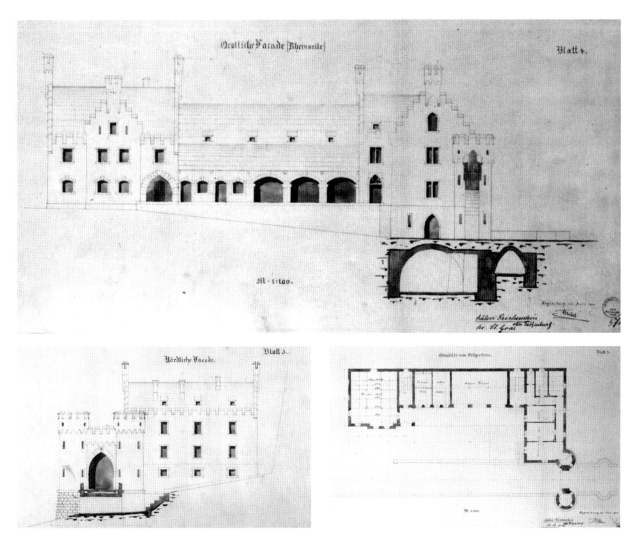

Pläne der Vorburg /Falkenburg), Architekt Georg Strebel, 1901 (Rheinl.-Pfälzisches Landesamt für Denkmalpflege..., Mainz).

113

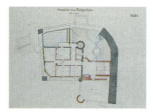

Grundrisse der Burg Reichenstein, Architekt Georg Strebel, 1901, grau – Altbau, rot – Neubaumaßnahme (Rheinl.-Pfälzisches Landesamt für Denkmalpflege ..., Mainz).

und 2. Geschoß und Dachgeschoß – ist das überkommene Mauerwerk – Schildmauer, sonstige Außen- und Innenmauern sowie ein mittleres Rund (ein Treppenturm mit einem hochgelegenen Eingang, wie bei einem Bergfried) – in grauer Farbe von den rot gezeichneten Neubaumaßnahmen unterschieden (vgl. links). So läßt sich mit Fug und Recht sagen, daß der neue Burgeigentümer, Dr. Kirsch-Puricelli, das meiste, wenn nicht sogar das gesamte aufgehende Mauerwerk des oder der Vorgängerbauten in seine Neuanlage integriert hat – ganz im Gegensatz zu mancher bauhistorischer Kritik, die sich wohl eher vom äußeren Erscheinungsbild als von der inneren Gliederung der Anlage leiten ließ. Zugegebenermaßen fällt auch die Unterscheidung von mittelalterlicher und historistischer Bausubstanz ohne Planunterlagen schwer – gerade im Falle der Reichenstein. Festzuhalten ist: Im Kern des heutigen Baues hat sich, bis hin zum Dach, so vieles an frühen Mauern erhalten, nämlich in dem ganzen Bereich, den der Archivrat Leopold Eltester einst als Hauptwohngebäude und Nebenhaus dargestellt hat, daß man ursprünglich von einem dreigeschossigen festen Turmbaus mit Eckwarten über einem – lagebedingt – nicht ganz rechteckigen Grundriß ausgehen kann.[12] Aber erst eine Bauuntersuchung vor

Ort wird letztlich Klarheit über die mittelalterliche Baugestalt geben können. In ihren äußeren Umriß ist allerdings insofern eingegriffen worden, als man an der Südseite einen Zugang zur Schloßkapelle des frühen 20. Jahrhunderts gebrochen hat. Sie wurde in den inneren Burghof gebaut, eng angelehnt an die rückseitige Ringmauer.

Zurück zum Bauvorhaben von Dr. Kirsch-Puricelli! Die Aufbauarbeiten – Terrassierung des Geländes, Instandsetzung der Altanlagen, Ausbau der Hauptburg und Neubau der Vorburg, Bepflanzung der Weinberge – gingen so zügig voran, daß sie nur wenige Jahre in Anspruch nahmen. Einige Glasplattenaufnahmen aus der Zeit um 1910, die in der Bibliothek von Reichenstein aufgehoben werden, zeigen als letzte Baumaßnahme den eingerüsteten "Königsturm" oder "Königsstein" hoch über dem gesamten Werk (s. unten). Weitere Fotos derselben Serie dokumentieren den gesamten Umfang des Geleisteten, so eine Totalansicht vom Rhein her gesehen, die Südwestseite mit der Schloßkapelle und die mit Ecktürmchen besetzte Schildmauer sowie die Zugbrücke an ihrem Fuß, vermutlich vom "Königsstein" aus aufgenommen (s. Abbn. S. 115). Eine qualitativ nicht so hervorragende Ansichtskarte (s. S. 115 r. u.) soll deswegen vorgestellt werden, weil es das im Morgenbachtal gelegene "Schweizerhaus" und das in einer früheren Mühle untergebrachte schloßeigene Elekrizitätswerk vor Augen führen[13].

Die Baustelle des „Königsteines" auf der Reichenstein, um 1909/10 (Archiv Burg Reichenstein).

Totalansicht der Reichenstein vom Rhein aus, 1909/10 (Archiv Burg Reichenstein).

Südwestseite der Reichenstein mit Kapelle, um 1909/10 (Archiv Burg Reichenstein).

Blick auf die mittelalterliche Schildmauer mit Zugbrücke, um 1909/10 (Archiv Burg Reichenstein).

Historische Ansichtskarte der Reichenstein mit "Schweizerhaus" und Elektrizitätswerk, um 1915.

115

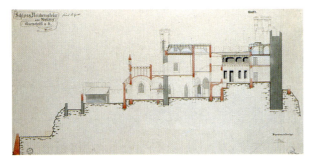

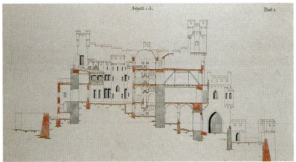

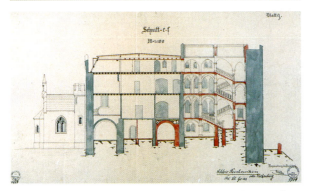

Pläne der Burg Reichenstein, Schnitte durch die Anlage, Architekt Georg Strebel, 1901 (Rheinl.-Pfälzisches Landesamt für Denkmalpflege…, Mainz).

"Schweizerhäuser" waren im 19. Jahrhundert beliebte herrschaftliche Rückzugsorte, um sich in rustikaler Umgebung von den Geschäften und der Etikette zu erholen. Bei dem nicht mehr erhaltenen Bau unterhalb der Reichenstein handelt es sich um einen Nachläufer. Ein älteres, heute noch bestehendes Exemplar – datiert mit 1842 – gehörte früher zur Burg Rheinstein.

Wie das Äußere der Reichenstein den Historismus widerspiegelt, so ist dies auch im Inneren, und zwar in zweierlei Hinsicht: im rein Baulichen und in der Ausstattung.

Für den ersten Fall lassen sich besonders gut die architektonischen Schnitte durch die Burg heranziehen (vgl. links). Sie zeigen die Vielfalt der Bauglieder und ihre Verschachtelung, die Sprünge oder Absätze im Bodenniveau, die Lebendigkeit der Silhouette mit ihren Türmen und – im Detail – die neogotische Formensprache, die nahezu konsequent von der Schloßkapelle bis zu dem das Schloßinnere dominierenden Treppenhaus beigehalten ist. Bemerkenswert ist wieder die farbliche Anlage der Architekturschnitte, die Alt- und Neubestand des Baues kennzeichnen.

Zur Ausstattung: Sie wurde – keine Frage – eigens für die Burg entworfen und gefertigt. Dies gilt für die Schloßkapelle (vgl. den Beitrag Franz Ronig) bis zu den Wirtschaftsräumen. Plattenaufnahmen der frühen Zeit (um 1909/10) belegen ein historistisches Interieur, das sich von vielerlei Vorlagen inspirieren ließ, von solchen der Gotik, der Renaissance und des Barock. Manches könnte man heute als "altdeutsch" charakterisieren. Da ist die Bibliothek mit einer geschnitzten Balkendecke, einem platzgreifenden Bücherschrank aus Eiche mit vielerlei Dekor an den Simsbändern und Füllungen; die Stühle mit gedrehten

Musiksalon, historische Aufnahme (Archiv Burg Reichenstein).

Kleines Eßzimmer, historische Aufnahme (Archiv Burg Reichenstein).

Bibliothek der Reichenstein, historische Aufnahme (Archiv Burg Reichenstein).

Beinen besitzen – ganz gediegen – kostbare, geprägte Lederbezüge; der Abschluß des offenen Kamins ist mit "gotischen" Kreuzblumen geschmückt. Der Musiksalon zeigt ausgewählte Tapisserien. Seltene antike Möbel oder sonstige Objekte ergänzen und bereichern die neuzeitliche Ausstattung, wie im sogenannten "Speisesaal" mit seiner Ahnengalerie. Im Gang vor diesem Raum ist ein kleiner Brunnen aufgebaut: ein Mann mit zwei untergefaßten Gänsen, die Wasser sprühen. Vorbild ist eine Nürnberger "Gänsemännchen"-Skulptur des 16. Jahrhunderts. In den Zimmern, in den Salons, herrschen, gemäß dem Zeitgeschmack, dunkle, schwere Möbel vor, die mit der wandfesten Auskleidung und den Türen korrespondieren, so im "Kleinen Eßzimmer".

Speisesaal mit Ahnengalerie, historische Aufnahme (Archiv Burg Reichenstein).

Burg Reichenstein, Kinder der Eigentümer als Ritter verkleidet. Links: Marielise Kirsch-Puricelli (1898-1990); rechts: Jeanne de Wael aus Luxemburg; links stehend: Paul Kirsch-Puricelli (1896-1974); rechts stehend – unbekannt. Historische Aufnahme, um 1915 (Archiv Burg Reichenstein).

Im Laufe der Jahrzehnte hat sich selbstverständlich vieles des inneren Arrangements der Reichenstein verändert. Aber der Gesamteindruck des früheren Anliegens ist geblieben – gut gearbeites und anspruchsvolles zeitgemäßes Meublement mit erlesener antiker Einrichtung zu verbinden, um eine individuelle Einheit zu schaffen, die einen großbürgerlichen Lebensstil, Kunstverständnis und Belesenheit bezeugt. Hinzu kommt der moderne Komfort, wie ihn die technischen Errungenschaften erlauben: elektrischer Strom, Schaltkästen, auf deren Signal das Personal erschien; gasversorgte Öfen, Wasserleitungen für die Bäder, ein Speiseaufzug von der Küche aus. Auch diese neuzeitlichen Bequemlichkeiten sind heute zum Teil noch zu bewundern.

Burg Reichenstein wäre nicht recht gewürdigt, erwähnte man nicht die naturwissenschaftlichen, technikgeschichtlichen und künstlerischen Sammlungen, welche die Familie Puricelli hier zusammengetragen hat. Diese Kollektionen erinnern in ihrer Heterogenität an fürstliche Raritäten- und Kunstkabinette. Es sind dies Vitrinen mit Mineralien und Fossilien – ein Sujet, das naheliegt, wenn man im Montanwesen tätig ist. Eine noch direktere Verbindung läßt sich zu den gußeisernen Ofen-, Kamin- und Takenplatten sowie zu gegossenen Öfen herstellen, von denen viele mit dem Signet "Puricelli" oder "Rheinböller-Hütte" gestempelt sind. Bei den Gemälden und zahlreichen Stichen ist ein Faible für Italien zu verspüren – dem Ursprungsland der Burgbewohner. Nicht zu vergessen ist die belletristische, religionshistorische und montanwissenschaftliche Bibliothek, die nach und nach, wie sich an zeitverschiedenen Fotos erkennen läßt, zu einer umfangreichen Größe angewachsen ist. Burg oder Schloß Reichenstein hatte sich zur Zeit der Puricelli – ob bewußt oder unbewußt – zu einer Art Gesamtkunstwerk entwickelt, das als Architekturschöpfung auch die Kulturlandschaft des Rheines mit den Weinbergen und das idyllische Morgenbachtal einbezogen hat. Die Burg ist zwar, wie Richard Klapheck in den zwanziger Jahren unseres Jahrhunderts urteilte, "reichlich malerisch" wiederhergestellt worden,[14] und sie entsprach damit sicherlich nicht dem Geschmack eines kritischen Kunsthistorikers, aber sie ist, auch vor dem historischen Hintergrund, als eine Bauleistung zu würdigen, deren gestalterisches Konzept im Äußeren wie im Inneren eine bemerkenswerte Konsequenz zeigt: im kulturhistorischen Sinne historisierend, wie es weitgehend der Lebensauffassung der damals führenden sozialen Schicht entsprach, und im stilistischen Sinne neogotisch. Insofern ist die Reichenstein als ein beredtes Dokument der letzten Jahrhundertwende zu würdigen und auch zu bewahren (darüber hinaus auch als ein im Kern noch mittelalterlicher Bau, wie wir gesehen haben). Wo findet sich – in einer solchen Geschlossenheit – noch ein derartiges Interieur, das uns die Wohnvorstellungen einer großbürgerlichen Welt besser vermitteln könnte? Ergänzt man dieses Bild mit den historischen Aufnahmen, als die jungen Puricelli – vielleicht bei einem Kostümfest? – sich als "Ritter" vor dem Fotografen aufbauten (vgl. S. 118), so hat man nicht nur gespieltes Mittelalter, sondern möglicherweise auch historisches Lebensgefühl vor Augen. Das war die Realität der wirtschaftlich und gesellschaftlich dominierenden Kreise; daneben gab es auch die Realität derjenigen, die auf einer niedrigeren, wenn nicht gar auf der untersten Sprosse der sozialen Leiter standen. Wie war ihr Lebensgefühl? (Vgl. den Beitrag von Fritz Schellack.)

Anmerkungen

1) Rathke, Ursula: Preußische Burgenromantik am Rhein. Studien zum Wiederaufbau von Rheinstein, Stolzenfels und Sooneck (1823-1860), (= Studien zur Kunst des neunzehnten Jahrhunderts, 42). München 1979. – Honnef, Klaus; Weschenfelder, Klaus; Haberland, Irene (Hg.): Vom Zauber des Rheins ergriffen . . . Zur Entdeckung der Rheinlandschaft vom 17. bis 19. Jahrhundert; Ausstellungskatalog, Bonn u. Koblenz 1992. München 1992. – Freckmann, Klaus: Die Rheinromantik und ihr architektonischer Ausdruck – Marginalien zur 'Villa Sachsen', zum 'Schweizerhaus' und zum Schloß Waldthausen. In: Hausforschung und Wirtschaftsgeschichte in Rheinland-Pfalz, S. 177-192, (= Jb. f. Hausforschung, 41; Bericht über die Tagung des Arbeitskreises für Hausforschung in Sobernheim/Nahe vom 24-28. September 1990). Marburg 1993.

2) Bornheim gen. Schilling, Werner: Rheinische Höhenburgen. 3 Bände, (= Rhein. Verein f. Denkmalpflege u. Heimatschutz, Jb. 1961-1963). Neuß 1964. Vgl. 1. Band, S. 37. – Ders: Burgen und Schlösser des 19. Jahrhunderts (= Burgen und Schlösser. Kunst und Kultur in Rheinland-Pfalz. Bad Neuenahr 1981). S. 183-189. – Kirsch-Puricelli, Paul: Kurzgefaßte Geschichte der Burg Reichenstein (Falkenburg) bei Trechtingshausen am Rhein. Stromberger Neuhütte/Ulm 1960. – Bahn, Peter: Die Puricellis. Geschichte und Wirken einer rheinischen Industriellen-Familie mit vielen zeitgenössischen Fotos. Bad Kreuznach 1989. Vgl. S. 65 ff.

3) Kneib, Gottfried: Der Kurmainzer Kartograph Gottfried Maskop. In: Mainzer Zeitschrift, 87./88. Jg., 1992/93, S. 209-268; insbes. S. 268. – Herrmann, Christofer: Wohntürme des späten Mittelalters auf Burgen im Rhein-Mosel-Gebiet, (Veröffentl. der Deutschen Burgenvereinigung, Reihe A: Forschungen, Bd. 2). Espelkamp 1995. Vgl. S. 200, Abb. 145, bezieht sich auf Rheinstein.

4) Meisner, Daniel u. Kieser, Eberhard: Politisches Schatzkästlein. Faksimile-Neudruck der Ausgaben Frankfurt am Main, 1625-1626 und 1627-1631. Mit einer Einführung, Quellennachweisen und Registern von KLaus Eymann. 4. Aufl., Nördlingen 1992. Vgl. 2. Band, 2. Buch. 3. Teil. S. 9.

5) Perweil, Cecilia: Turner in Germany; Ausstellungskatalog London-Mannheim-Hamburg 1995-1996. Tate Gallery 1995. S. 186f.

6) Hugo, Victor: Le Rhin. Paris 1842. Ausgabe: Strasbourg 1980 mit einem Vorwort von Michel Le Bris. S. 194.

7) Binding, Günther: Rheinische Höhenburgen in Skizzen das 19. Jahrhunderts. Köln 1975. S. 82f.

8) Bahn, P.: S. 72 (vgl. hier Anm. 2):

9) Eine Kopie des Kaufvertrages befindet sich im Besitz von Constantin Graf von Plettenberg/Frankfurt am Main. Vielen Dank für den Einblick!

10) Schriftlicher Hinweis vom Stadtarchiv Regensburg, Dr. Heinrich Wanderwitz, an Graf Constantin von Plettenberg/Frankfurt a.M., März 1997. - Der Name Strebel ist nicht aufgeführt in der: Bibliographie zur Architektur im 19. Jahrhundert. Die Aufsätze in den deutschsprachigen Architekturzeitschriften zwischen 1798 bis 1918. Nendeln ab 1977.

11) Ein Satz der Pläne – gekennzeichnet "Bau-Bureau der Dr. Kirsch-Puricelli'schen Güter"; handschriftlicher Zusatz: "Regensburg, im Juni 1901"; unterschrieben: "Strebel" – befindet sich im Rheinland-Pfälzischen Landesamt für Denkmalpflege/ Mainz. Ein nicht kompletter Satz befindet sich außerdem in Privatbesitz.

12) Siehe zur Terminologie "Festes Turmbaus": Herrmann, Chr., S. 38f. (hier Anm. 3).

13) Siehe zum "Schweizerhaus" der Burg Rheinstein: Freckmann, K., (hier Anm. 1). – Vgl. zum E-Werk: Bahn, P., S. 76 (hier Anm. 2).

14) Klapheck, Richard: Eine Kunstreise auf dem Rhein von Mainz bis zur holländischen Grenze. Erster Teil: Von Mainz bis Koblenz, (Hg. Rhein. Verein für Denkmalpflege und Heimatschutz). Düsseldorf o. J. (um 1926). S. 89.

Ricarda v. Diepenbroick

Die Familie Puricelli als Besitzer des Rittergutes Bangert in Kreuznach

1. Einleitung

Der folgende Aufsatz beschäftigt sich mit dem Zweig der Familie Puricelli, der auf dem Rittergut Bangert in Bad Kreuznach ein Vierteljahrhundert gelebt hat. Es handelt sich hierbei um die Eheleute Heinrich (II.) Puricelli, die in den Jahren von 1881 bis 1907 Besitzer des Anwesens waren. Diese Eckdaten umreißen den Zeitraum von dem Erwerb des Gutes bis zum Tode der zweiten Ehefrau des Gutsbesitzers.

Um das Rittergut Bangert in einen historischen Kontext zu stellen, soll zu Beginn die Geschichte des Anwesens bis zur Besitzübernahme durch die Puricelli skizzenhaft vorangestellt werden. Anschließend werden die Bewohner des Schlosses vorgestellt, soweit dies anhand der Quellen und Überlieferungen möglich ist. Die Zeit der Puricelli ist gekennzeichnet durch aufwendige Umbaumaßnahmen an dem Herrenhaus und Neubauten auf dem landwirtschaftlichen Gut. Diese einzelnen Phasen zu beschreiben, nimmt den Hauptteil dieses Beitrages ein.

Die Literaturlage zu den Puricelli wie zum Rittergut Bangert erweist sich als nicht besonders ergiebig. Neben einer Publikation von Prof. Preuschen gibt es bislang wenige Veröffentlichungen zum Thema. Ein von Peter Bahn verfasstes Buch behandelt alle Generationen der Familie und kann daher nur einzelne Themen anreißen. Neben verschiedenen Aufsätzen von Clemens Schneider existiert eine Monographie von Robert Schmitt über die Geschichte der Rheinbüller Hütte. Alle Publikationen erschienen vor 1990.

Im Stadtarchiv von Bad Kreuznach befindet sich der Nachlaß der Familie Puricelli – als Besitzer des Gutes Bangert. Der Bestand bildet die Grundlage für diesen Beitrag. Da die Recherchen noch nicht abgeschlossen sind, können zunächst nur erste Ergebnisse präsentiert werden. Unklar ist, ob die erst vor wenigen Jahren auf dem Dachboden eines Kindergartens gefundenen Akten vollständig sind. Somit handelt es sich um eine Skizze, die auf den bisher gefundenen Fragmenten basiert.

2. Zur Geschichte des Rittergutes Bangert

In den Jahren 1769-1772 erwarb Prinzessin Amalie von Anhalt-Dessau (1720-1793) das Rittergut Bangert mit dem benachbarten Weingut Kauzenburg. Zum einen ließ sie ein Herrenhaus nach ihrem Geschmack als Sommerresidenz bauen, zum anderen hatte sie die Absicht, als Anhängerin der Aufklärung, ein landwirtschaftliches Mustergut einzurichten. Grund für die Wahl des Ortes war seine Lage im fruchtbaren Naheraum auf dem Hochufer des Ellerbaches, unweit der Kreuznacher Stadtmauern. Die Bezeichnung Bangert ist erstmals 1326 urkundlich erwähnt[1] und bedeutet soviel wie "Baumgarten". Der Name deutet darauf hin, daß an dieser Stelle schon früh Obstbau betrieben wurde. Auf dem Gelände entsprangen viele

Quellen, was vermutlich den Ausschlag für eine ursprünglich errichtete Wasserburg gab, für diese Gegend eine eher untypische Bauform. Auf alten Bausubstanzen ließ die Prinzessin ein Schlößchen errichten, das um 1775 vollendet, zu den früheren klassizistischen Herrschaftsbauten des Rheinlandes gehört. Nach dem Tod Amalies erbte Baron von Rackmann das Schloß und das Rittergut. Noch zu Lebzeiten wurde Herr von Rackmann in den Freiherrnstand erhoben und ihm der Name Freiherr von Bangert verliehen.

Im Jahre 1802, nach dem Einmarsch der Franzosen, wurde der Besitz, wie alle anderen adeligen Güter, konfisziert und dem "Wohlfahrtsausschuß" unterstellt. Im darauffolgenden Jahr kaufte der Agrarreformer und Politiker Andreas van Recum (1765-1828)[2] für 10.000 Gulden das gesamte Anwesen.[3] Er interessierte sich ebenfalls für die Landwirtschaft und ließ Um- und Ausbauten des landwirtschaftlichen Betriebes vornehmen.

1881 verkaufte sein Sohn Otto den Gesamtkomplex an den Industriellen Carl (III.) Puricelli (1824-1911) und seine Frau Franziska (1830-1896) aus Rheinböllen. Das Ehepaar suchte einen passenden Sitz für den einzigen Sohn Heinrich (1852-1900). Die engagierte Mutter Franziska[4] überwachte den Umbau des Schlosses und die Neugestaltung des Parks. Ebenfalls wurde im Zuge der Renovierung das landwirtschaftliche Gut zu einem Mustergut erweitert und modernisiert.

Heinrich starb bereits im Jahre 1900 im Alter von 48 Jahren. Die Inbetriebnahme nach der Umstrukturierung des landwirtschaftlichen Gutes konnte er nicht mehr erleben.

Seine zweite Ehefrau Elisabeth Puricelli, geb. Minetti (1874-1907), ließ 1904 einen letzten großen Bauauftrag ausführen: das Palmen- und Gewächshaus.

Die Witwe heiratete im Jahre 1906 ein zweites Mal, einen alten Freund, den Assessor Hermann Stöck. Doch auch diese Ehe sollte nicht von langer Dauer sein, da Elisabeth bereits 1907 verstarb. Hermann Stöck heiratete in zweiter Ehe Elisabeth Gräff und lebte bis zu seinem Tode 1935 im Bangert. Nichten und Neffen bewohnten das Schloß, bis 1942 bei einem Luftangriff der Dachstuhl des Schloßanbaus zerstört wurde. Weitere Schäden konnten durch den damaligen Gartenbauoberinspektor, Johann Förster (1903-1992), verhindert werden. Er war in der Lage, das Feuer rechtzeitig zu löschen. Nach Kriegsende nutzten die Besatzer das Anwesen. Danach diente das Gebäude als Verwaltungssitz des Arbeitsamtes, bevor 1950 die Max-Planck-Gesellschaft das Gut zunächst pachtete und schließlich 1970 kaufte. Nach dem Erwerb wurden erhebliche bauliche Veränderungen vorgenommen. Einige Familienmitglieder der Familien Gräff und Stöck bewohnten noch bis 1975 im Dachgeschoß Räume des Haupthauses.

1976 schloß das Max-Planck-Institut, und das Gebäude stand einige Jahre leer, bevor die Stadt Bad Kreuznach es um 1980 erwarb. Das Schloß wurde renoviert und umgebaut, um das städtische Karl-Geib-Museum darin einzurichten. Die Eröffnung des heutigen Schloßparkmuseums erfolgte dann 1986.

3. Zur Biographie von Heinrich (II.) Puricelli

Heinrich wurde am 6. Februar 1852 als Sohn des Rheinböller Eisenhüttenbesitzers Carl Puricelli und dessen Frau Franziska in Rheinböllen geboren.

Über Heinrichs Leben ist derzeit noch wenig bekannt. Zeit seines kurzen Lebens stand er im Schatten seiner Eltern. Sein Vater war als Großindustrieller berühmt, seine Mutter wegen ihrer zahl-

Bad Kreuznach, ehem. Rittergut Bangert: links das Herrenhaus, in der Mitte die barocke Dreiflügelanlage ("Gütchen"), rechts die Puricelli'schen Hofbauten der letzten Jahrhundertwende. Gesamtsituation 1993.

reichen Stiftungen und Wohltätigkeiten. Über Heinrichs Aktivitäten und caritativen Maßnahmen hingegen ist wenig überliefert. Aus dem Nachlaß ist ersichtlich, daß er eine Zeitlang das Gymnasium in Wiesbaden besuchte. Gleichzeitig nahm er Privatunterricht in verschiedenen Fächern. Seine Mutter nutzte in dieser Zeit häufig den Kurort, um sich dort zu erholen. Weiterhin ist bekannt, daß Heinrich bei den Bonner Husaren als Offiziersanwärter stand. Seine Jugend wird als "wenig freudenreich"[5] beschrieben, da er von schwächlicher Gesundheit gewesen sein soll. Deshalb konnte er nicht die (Mit)-Leitung des Rheinböller Werkes übernehmen, sondern lebte als Landwirt in Bad Kreuznach. Auf ärztlichen Rat hin verbrachte er viel Zeit an der frischen Luft. Da er leidenschaftlicher Jäger war, unterzog er sich gern dieser Anordnung. Die Ausschmückung seines Arbeitszimmers im Bangert, auch Jagdzimmer genannt, spiegelt seine Passion wider.

Nach dem Tod der ersten Frau Johanna Goertz (1856-1894) heiratete er 1896 Elisabeth Minetti aus Straßburg. Über das Privatleben ist bisher noch nichts bekannt. Beide Ehen blieben kinderlos.

Heinrich wird als ein "im Mannesalter geläuterter, edler Mensch"[6] beschrieben. Diese Aussage wird durch seine Tätigkeit in vielen caritativen und gemeinnützigen Vereinen und Gesellschaften bestätigt. Bislang sind Mitgliedskarten und Belege folgender Vereine und Gesellschaften gefunden worden, in denen er aktiv war:

- Verschönerungsverein für das Nahetal
- Casino Gesellschaft
- Kurverein Kreuznach
- Verein der Hotelbesitzer
- Verein katholischer Bürger
- Kirchenvorstand von St. Nikolaus in Kreuznach
- Katholischer Kirchenbauverein in Kreuznach
- Heilig-Kreuz-Verein
- St. Nikolaus-Verein
- Görresgesellschaft zur Pflege der Wissenschaften im kath. Deutschland
- Deutsche landwirtschaftliche Gesellschaft
- Landwirtschaftlicher Verein für Rheinpreußen
- Deutsche Landwirtschafts-Gesellschaft
- Rotes Kreuz
- Verein für die Fürsorge der Blinden der Rheinprovinz
- Volksbureau für Kreuznach und das Nahegebiet
- Kreuznacher Tierschutzverein
- Verband zur Errichtung von Volksheilstätten für Lungenkranke im Regierungsbezirk Coblenz, Kreis Kreuznach
- Männer-Gesang-Verein "Lyra", Kreuznach

Bei Betrachtung der einzelnen Institutionen fällt auf, daß Heinrich sich in drei Bereichen engagierte. Zum einen war er sehr aktiv in katholischen Einrichtungen. So war er nicht nur als Vereinsmitglied registriert, sondern hat beispielsweise als Kirchenvorstand der St. Nikolaus Kirche in Bad Kreuznach die gesamten Finanzen verwaltet und somit auch die finanzielle Überwachung der Renovierung von St. Nikolaus wie auch den Neubau der Hl. Kreuz-Kirche (1895-1897) in Kreuznach. Daneben ist sein soziales Engagement belegt durch verschiedene Quittungen, die seine Spendenfreudigkeit dokumentieren. Allein für die Renovierung der St. Nikolauskirche hat er 3.000 RM zur Verfügung gestellt.[7] Vergleichsweise sei an dieser Stelle bemerkt, daß ein Landarbeiter an einem Tag zwei RM Lohn erhielt und eine Näherin 1,50 RM verdiente.[8]

Wie seine Eltern half er Armen und Bedürftigen. Es sind Belege vorhanden, die zeigen, daß er beispielsweise Waisenkinder mit Nahrungsmitteln oder Kleidung versorgte.[9]

Die aktive Teilnahme in den landwirtschaftlichen Vereinigungen zeigt, daß Heinrich ein Interesse daran hatte, sich modernen Methoden und neuesten Forschungen bezüglich der Landwirtschaft anzuschließen und systematisch zu fördern, was der Aufbau eines Mustergutes dokumentiert.

Als Abonnent von mehreren Zeitungen beweist er sein kulturelles, politisches und religiöses Interesse. Er hielt die:

- Deutsche landwirtschaftliche Presse
- Deutsche Weinzeitung, Mainz
- Kölnische Volkszeitung
- Frankfurter Zeitung
- Trierische Landeszeitung
- Öffentlicher Anzeiger Kreuznach
- Generalanzeiger Kreuznach
- Kreuznacher Zeitung
- Paulinusblatt Trier
- Kurhaus Zeitung

Neben den genannten Tätigkeiten beschäftigte er sich mit der Förderung der Wissenschaften, indem er Mitglied der Görres-Gesellschaft wurde, die dieses Ziel zum Inhalt ihrer Vereinigung machte.

Er starb am 19. Juli 1900 im Alter von 48 Jahren an einer Gehirnerkrankung. Über die formalen Bedingungen der Beerdigung sind wir recht gut informiert. Neben Aufträgen für die Todesanzeigen in verschiedenen Zeitungen und Danksagungen sind Quittungen über die Beerdigungskosten überliefert. So mußte die Witwe an

Heinrich (II.) Puricelli (1852-1900). Photographie um 1895.   *Elisabeth Puricelli, geb. Minetti (1874-1907). Photographie von Ph. Does & Söhne, Kreuznach, um 1905.*

die Kirche, für die Tätigkeit des Küsters, das Seelenamt, die Meßdiener etc. 55 Reichsmark zahlen. Auch von der Stadtkasse erhielt sie eine Rechnung über 11,70 RM für die Totengräber und die Benutzung des neuen Totenwagens.[10]

4. Das Rittergut Bangert

Noch heute sind die ursprünglichen Grundstrukturen der Rittergutsanlage gut nachvollziehbar. Von einer hohen Mauer umgeben, befindet sich das Schloß inmitten eines großen Parks. In der Umfassungsmauer ist das prunkvolle guss- und schmiedeeiserne Hauptportal eingelassen, das sich gegenüber der Eingangsfront des Schlosses befindet. Neben dem Tor steht das ehemalige Pförtnerhaus, das heute zur Unterbringung des Stadtarchivs dient. Ursprünglich befand sich gegenüber des Pförtnerhauses das Palmen- und Gewächshaus, das mittlerweile nicht mehr existiert. Über einen Sandweg erreicht man das Schloß, ein schlichtes zweistöckiges Herrenhaus, weiß gestrichen, mit einer Freitreppe vor dem Portal.

An der Westseite konnte man zu Zeiten der Puricelli vom ehemaligen Speisesaal aus auf eine überdachte Terrasse ins Freie treten. Die Terrasse ähnelte einem Laubengang, denn Dach und Holzpfeiler waren von Pflanzen umrankt. Diese Terrasse existiert heute nicht mehr. Im Obergeschoß, an der Ost- und Westseite, befand sich jeweils ein großer Balkon.

Das Gebäude grenzt mit seiner Westseite an einen See, dessen Zentrum eine kleine Insel bildet. Der Park wurde in englischer Manier angelegt, mit inzwischen alten exotischen Bäumen und Sträuchern. Im Südwesten wurde eine kleine Grotte angelegt, in der man im Sommer vor der Sonne Schutz suchen konnte. Im Westen führt ein Tor zum landwirtschaftlichen Gut. Auf der gegenüberliegenden Seite des Parks befindet sich in östlicher Richtung eine Pforte, durch die man bequem zu Fuß die Innenstadt Kreuznachs erreichen kann.

Eine Baubeschreibung des Herrenhauses ist nicht Hauptinhalt dieses Beitrages, es sollen an dieser Stelle nur die Funktionen der einzelnen Etagen im 19. Jahrhundert skizziert werden.

Die Kellerräume wurden zur Vorratshaltung genutzt. Sie waren zu Zeiten der Puricelli von außen durch eine Tür unter der Freitreppe zugänglich. Neben der Küche lagen im Keller auch Waschräume und großzügige Vorratskeller um Obst, Fleisch, Wein und Kohlen zu lagern. Ebenfalls im Untergeschoß untergebracht war das Badezimmer für die Bediensteten. Diese hatten ihre Unterkünfte unter dem Dach. Wieviel Angestellte die Familie Puricelli hatte, ist nicht mehr zu rekonstruieren, allerdings existierten allein unter dem Dach elf Bedienstetenzimmer und ein "Mägdezimmer". In jeder Etage gab es eine Toilettenanlage. Für das Obergeschoß ließ man eine Elektropumpe einbauen, die das benötigte Wasser hochpumpen konnte.

Im Erd- und Obergeschoß lebte die Familie bzw. das Ehepaar in 24 Räumen, davon standen drei Zimmer Gästen zur Verfügung. Rechts neben dem Eingang befand sich die Bibliothek. Ein Roter Salon und Speisesaal sowie sechs nicht näher bezeichnete Zimmer bildeten das Erdgeschoß. Das Obergeschoß bestand aus dem Wohnzimmer, einem Schrankzimmer, dem Boudoir, dem Großen Salon und einem weiteren Roten Salon.

Ungewöhnlich erscheint im Herrenhaus die Anordnung der Wohnräume, die vorwiegend nach Norden ausgerichtet wurden. Dagegen befanden sich Treppenhaus und Toilettenanlagen im Süden des Hauses.

5. Die Neu- und Umbauten an der Schloßanlage Bangert

Wie bereits erwähnt, haben die Puricelli, als sie das Rittergut Bangert 1881 erwarben, wesentliche Baumaßnahmen vorgenommen, die im folgenden kurz beschrieben werden. Es erscheint wichtig darauf hinzuweisen, daß es nicht Heinrich war, der diese Bauvorhaben beaufsichtigte, sondern seine Mutter Franziska. Sie hatte genaue Vorstellungen von ihren Bauunternehmungen und der Gestaltung des Schlosses. Nur die besten Fachkräfte wurden engagiert und das beste und teuerste Material verwandt. Zahlreiche Reisen, u. a. auch nach Paris zu den Weltausstellungen und die Bekanntschaft mit bedeutenden Architekten und Künstlern der Zeit inspirierten sie.

5.1. Der Schloßanbau von 1897

Im Jahre 1897 ließ die Familie Puricelli das Schloß nach Süden hin um einen zweistöckigen Rotsandsteinanbau vergrößern. Die Architekten Schaffner und Locher aus Mainz entwarfen die ent-

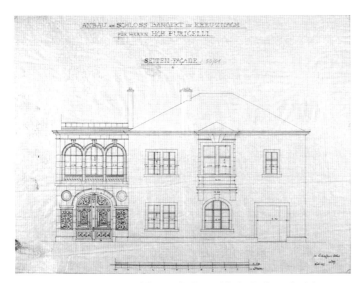

Bad Kreuznach: Anbau am Schloß Bangert für Heinrich Puricelli. Entwurfszeichnung von Schaffner & Locher, Mainz, 1897. Links die Durchfahrt mit darüberliegendem Wintergarten, rechts der Bürotrakt für den Bauherrn.

sprechenden Pläne für den Anbau. Als Bauunternehmer engagierte man Christian Hocke aus Kaiserslautern, der auch andere Bauten der Familie betreute.

Im Erdgeschoß wurde das Herrenhaus um eine geschlossene Wagendurchfahrt erweitert, so daß den Bewohnern und Gästen des Hauses "trockenen Fußes" Zugang in das Gebäude ermöglicht wurde. Den Fußboden legte man mit Mosaikplatten aus. Das Material lieferte Villeroy & Boch aus Mettlach. Neben der Durchfahrt lagen Wirtschaftsräume: nach Westen ein Bügelzimmer und ein Holzschuppen. Vier Zimmer waren für Diener vorgesehen. In den nach Osten gerichteten Räumen waren Jäger

und Hundeführer untergebracht. Für die Versorgung der vielen Jagdhunde befand sich daneben eine eigens dafür eingerichtete Hundeküche. Die Familie besaß viele Hunde, vor allem Jagdhunde. Alle sechs Monate hatte Heinrich für seine Hunde eine Hundesteuer von 70 RM zu zahlen.[11] Allein für den Jagdhund "Feldmann" wurde 1899 vierteljährlich 18 RM als Futtergeld[12] benötigt, ein relativ hoher finanzieller Aufwand.

Über der Wagendurchfahrt entstand ein Wintergarten, der durch je drei große Bogenfenster nach Osten und Westen erhellt wurde. Die Decke bestand aus einem großen Oberlicht, dessen Gläser im damals modernen Jugendstil bemalt wurden. Franziska ließ sich verschiedene Vorschläge für die Gestaltung des Wintergartens vorlegen, entschied sich dann für eine Version mit in rotem Sandstein eingefaßten Bogenfenstern. Genutzt wurde dieser Raum als Wintergarten- oder auch Billardsaal. An der Westseite erstreckte sich ein weitläufiger Balkon.

Vom Wintergarten aus erreicht man das "Jagdzimmer", dem am aufwendigsten und reichsten dekorierten Raum. Anton Pössenbacher, königlich-bayerischer Hof-Möbelfabrikant aus München, wurde engagiert, um diese Arbeiten zu übernehmen. Die Holzvertäfelung ist im Neorenaissancestil gehalten, ebenso die reich geschnitzten Einbaumöbel und die hölzerne Kasettendecke. Dadurch erhält dieses Zimmer einen sehr herrschaftlichen Eindruck. Dies erstaunt nicht, denn das Jagdzimmer war als Arbeitszimmer des Hausherrn gedacht, wo man vermutlich auch Gäste und Geschäftspartner empfing.

Im Osten grenzten zwei Arbeitszimmer für Sekretäre an. Hinter dem Jagdzimmer gelegen, erstreckt sich über die gesamte Südseite des Anbaus der "Tresor", dessen eiserne Tragekonstruk-

Bad Kreuznach: Schloß Bangert mit dem Puricelli' schen Anbau von 1897. Photographie von Ph. Does & Söhne 1903.

tion von der Rheinböller Hütte stammte. Dieser heute noch im ursprünglichen Zustand existierende Tresor stellt die größte Besonderheit des Anbaus dar: ein Raum, der durch schön geschnitzte Wandtüren vom Jagdzimmer aus zu betreten ist. Er ist mit 210 Stahlfächern und mehreren Stahlschränken ausgestattet, die zur Aufbewahrung von Akten und Wertgegenständen zur Verfügung standen. Von außen ist dieser Raum nicht erkennbar, da er keine Fenster besitzt.

5.2. Elektrifizierung des Rittergutes Bangert im Jahre 1902

Noch bevor die Stadt Kreuznach mit Strom versorgt wurde, ließ die Familie Puricelli ihr Schloß, ihren Gutshof und die Kauzenburg elektrifizieren. Da Heinrich bereits im Jahre 1900 verstorben war, übernahmen seine Frau Elisabeth bzw. Carl Puricelli die hierfür nötigenVerhandlungen.

Der Architekt Wilhelm Maus aus Frankfurt erhielt den Auftrag, die Ausstattung mit Beleuchtungskörpern zu übernehmen und der Regensburger Architekt Georg Strebel entwarf die Gesamtkonzeption. Die Firma Siemens aus Frankfurt stellte der Familie die neu aufgekommene Elektrizität bereit. Um Schloß und Gutshof mit Strom zu versorgen, ließen die Puricelli ein eigenes Elektrizitätswerk errichten, da noch keine städtische Kraftstation vorhanden war. Die Gas-Motoren-Dynamo Anlage wurde neben dem Ochsenstall auf dem Gutshof plaziert. Um Stromausfällen vorzubeugen, erhielt die Kraftstation zwei "Deutzer" Sauggasmotoren und eine Bleibatterie.

Insgesamt wurden 462 Glühlampen, vier Bogenlampen und zwei Motoren in dem ganzen Anwesen angeschlossen, davon 350 Glühbirnen im Schloß selbst.[13] Das gesamte Herrenhaus wurde mit unter Putz verlegten Leitungen versehen. Es existieren Briefwechsel zwischen dem Architekten und der Auftraggeberin, die den Verlauf gut dokumentieren. Wilhelm Maus hat für alle Räume Skizzen angefertigt, wie er sich die Beleuchtungskörper für die jeweiligen Zimmer vorstellte. So ist heute zu rekonstruieren, welche Lampen für welche Zimmer vorgesehen waren.

Die Gesamtkosten für die moderne Ausstattung beliefen sich auf rund 70.000.– RM.

Wilhelm Maus suchte nach Vorbildern für die Ausführung von Laternen, die für die Außentreppe am Haupteingang gedacht waren. Noch heute sind sie an der Eingangstreppe zu sehen. Besonders viel Mühe gab er sich für eine Beleuchtungsfigur, den sogenannten "Pagen". Er entwarf ihn nach Kandelabern aus dem 16. Jahrhundert des St. Sebaldus-Monumentes in Nürnberg. Die Beleuchtungsfigur "Page" ist in Bronze gegossen, fein ziseliert und muß ursprünglich bemalt gewesen sein. Der Preis der Statue belief sich auf 2480.– Reichsmark. In zwei Briefen vom 11.und 17. April 1901 schrieb er an Elisabeth Puricelli folgendes:

"Sehr geehrte Frau!
anbei übersende ich Ihnen Abbildung der Beleuchtungsfigur
'Page', die ich Ihnen für die Treppen vorschlug.
Ich bitte mir gfs. mitzutheilen ob das Sujet, das vollendet künstlerisch durchgebildet ist, Ihren Beifall findet. Ich werde dann Ausführung in Bronze, die bisher noch nicht gemacht wurde, sowie auch seine Ciselirung eingehend berechnen lassen.
Die größeren Lüster habe ich unter Strom setzen lassen, so daß Sie Abends von 7 Uhr an beleuchtet sehen können. [...]

Die Bronzefigur 'Page' wird in Bronze Mark 2050.- kosten und bei sehr feiner Ciselirung und künstlerischer Färbung Mark 2480.-. Ich habe mittlerweile noch nach anderen Figuren Umschau gehalten aber nichts gefunden was mir besser gefallen hätte und auch mehr Ihrem Geschmack entsprochen hätte. Für die Gartencandelaber habe ich in dem entzückenden kleinen Kandelaber am St. Sebaldus-Monument in Nürnberg die denkbar schönsten Vorbilder gefunden, die man nur entsprechend zu vergrößern bräuchte um das Schönste und Passendste zu erreichen.

Im Laufe der nächsten Woche erhalten Sie Zeichnung und Offerte. Auch die übrigen Sachen werde ich dann erledigen. "[14]

5.3. Das landwirtschaftliche Mustergut

Bereits die Erbauerin des alten Rittergutes Bangert, Prinzessin Amalie von Anhalt-Dessau (1720-1793), hatte im Sinne der Aufklärung ein landwirtschaftliches Mustergut errichtet. Der Ort war wegen seiner fruchtbaren Lage im Rhein-Nahe-Gebiet sehr geeignet. Als Vorbild, Lehrer und Erzieher für das Volk sollten Vertreter des grundbesitzenden Adels wirken.

Beispielhaft geführte Betriebe, neue Kulturen und eine bessere Tierhaltung sollten nicht nur eigenes Einkommen steigern, sondern auch die Bauern anregen, effektiver zu wirtschaften, um damit zur Steigerung des Allgemeinwohls beizutragen.

Prinzessin Amalie beschäftigte sich nicht nur mit dem Studium der Landwirtschaft und des Obstanbaus. Sie betrieb auch Tierzucht (Schafe) und interessierte sich besonders für den Weinbau. Durch die Einführung neuer Anbaumethoden konnte sie bald mit Nahewein wirtschaftliche Erfolge erzielen. Auf dem so genannten

"Gütchen" wurden die Ernten und Erträge aus dem knapp 50 Hektar großen Betrieb verarbeitet.

Ebenso wie die Prinzessin widmete sich die nachfolgende Familie van Recum dem Weinbau. Die begonnene Anlage der Obstplantagen wurde mustergültig fortgeführt.

Als in den achtziger Jahren des 19. Jahrhunderts die Puricelli das Anwesen mit dem spätbarocken Gutshof übernahmen, wirkten auch sie innovativ auf Landwirtschaft und Weinbau. Sie vergrößerten die zu bewirtschaftende Fläche auf rund 125 Hektar. Den Weinkeller der benachbarten Kauzenburg ließ man erweitern; ebenso die zu klein gewordenen landwirtschaftlichen Nebengebäude.

Neueste landwirtschaftliche Methoden wurden eingeführt. Heinrich und sein Vater Carl entwarfen Pläne zu einer Erweiterung des alten Gutes und ließen an der Hüffelsheimer Straße in Richtung Lohrer Hof einen für den damaligen landwirtschaftlichen Wissensstand hochmodernen Hof bauen. Zwischen 1899 und 1903 entstanden ein großes Verwaltungsgebäude, eine Försterwohnung, Stallungen, Wagenremise, Heu- und Düngemittelscheune sowie eine große Getreidescheune. Allein für den Kuhstall existieren Rechnungen über 200.000 RM.[15] Die einzelnen Gebäude waren miteinander durch eine Lorenbahn verbunden und so angelegt, daß sie zur Hüffelsheimer Straße hin ein Rechteck bildeten. Das mehrgeschossige Hauptgebäude diente als Wohnhaus für den Gutsverwalter. Auffällig sind die bunt glasierten Dachziegel des Daches, die in mehreren Farben geometrische Ornamente zeigen. Es handelt sich hierbei um eine für die Rhein-Nahe-Gegend völlig ungewöhnliche Dekorationsform, die die Puricelli aber noch an einem ihrer anderen Höfe, dem

Hofgut Eremitage bei Bretzenheim, anwandten. Typischerweise ist diese Verschönerungsform in der burgundischen Baukunst anzutreffen und dort eine beliebte Zierform des reichen Bürgertums und des Adels.

Eine hohe Mauer trennte das Gut von der Straße. Es war nur durch zwei große Einfahrten zu erreichen. Der Hof wurde sowohl mit einer eigenen Wasserleitung als auch mit einer eigenen Stromleitung versorgt. Die dafür benötigte Gas-Motoren-Dynamo-Anlage richtete, wie oben beschrieben, die Firma Siemens auf dem Hof ein. Ein Elektromotor über den Silos mit 5 PS wurde benötigt, um Mais und Futter zu schneiden.[16] Für die Beleuchtung des Ökonomiehofes sorgten zwei Bogenlampen. Der Hof war gepflastert und über den Gebäuden dienten Pfettenkon-

Bad Kreuznach, ehem. Rittergut Bangert: Puricelli'sches Mustergut (1899-1903). Luftaufnahme 1993.

struktionen zum Hochziehen des in den Speichern zu lagernden Sackgetreides. Die Kellergewölbe, die für die Ernte der Hackfrüchte und des Weines vorgesehen waren, wurden gegen Hochwasser gesichert. Mistkaut- und Jauchegrube grenzten an die Südecke des Ökonomiegebäudes an, in dem die Rinder- und Schweineställe untergebracht waren.

5.4. Das große Glashaus von 1904

Als Schlußelement in der Strebel'schen Gesamtkonzeption für den Ausbau des Rittergutes Bangert muß das Palmen- und Gewächshaus aus dem Jahre 1904 gesehen werden.

Beeinflußt durch die Pariser Weltausstellung von 1889 und möglicherweise durch den Palmengarten in Frankfurt[17] wurde ein großes Glashaus mit Eisenkonstruktionen geplant und ausgeführt.[18] Ähnliche Gewächshäuser existierten bereits auf anderen Puricelli'schen Gütern und Privatanwesen in Bretzenheim, Rheinböllen und Bingen. Von diesen hat sich bis heute keines erhalten. Leider wurde das Kreuznacher Glashaus um 1970 abgerissen. Die Dimension dieses Gebäudekomplexes ist ungewöhnlich groß und aufwendig gewesen. In der Regel errichtete man solche Gewächshäuser für öffentliche Parkanlagen oder in Parks großer Schlösser.

Die aus drei Gebäuden bestehende Gewächshausgruppe war in Hufeisenform angeordnet. Für die reich ausgearbeiteten Fassaden wurde Sandstein verwendet.

Zwischen den Seitenflügeln war in der Mitte das Palmenhaus errichtet worden. Nach modernsten Erkenntnissen waren die beiden Seitenflügel des Gewächshauses in eine Warmluftzone und in eine Kaltluftzone eingeteilt. Somit hatte man zwei Klima-

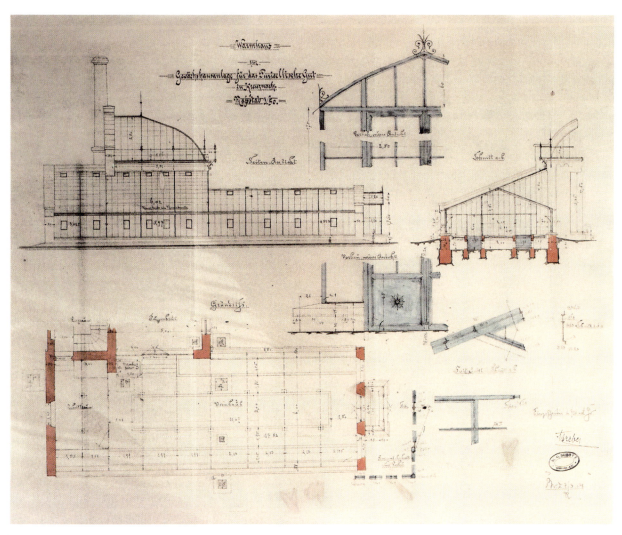

Bad Kreuznach: ehem. Puricelli'sches Palmen- und Gewächshaus. Entwurfszeichnung des Regensburger Architekten Georg Strebel von 1904.

133

sphären und konnte verschiedenen Pflanzenarten optimale Verhältnisse zum Gedeihen bieten.

Angrenzend an das Palmenhaus befanden sich der Heizraum und ein Arbeitszimmer für die Gärtner. Gepflegt und unterhalten wurden das Gewächshaus, die Gärten und der Park bis Ende der sechziger Jahre von Gartenoberinspektor Johann Förster.

6. Schlußbemerkung

Zusammenfassend ist zu sagen, daß anhand der beschriebenen Umbaumaßnahmen am Rittergut Bangert der Lebensstil und die ökonomische Orientierung der Familie Puricelli deutlich werden. Innerhalb einer Generation haben sie mit Hilfe der ihnen zur Verfügung stehenden Mittel das gesamte Anwesen modernisiert und umstrukturiert. Sie haben Innovationen aufgenommen und umgesetzt. Als Beispiel seien nur die Elektrifizierung genannt oder das landwirtschaftliche Mustergut. Ihre Fortschrittlichkeit demonstrieren sie in der Anwendung der neu entdeckten Techniken und wissenschaftlichen Erkenntnissen. Gleichzeitig engagieren sie sich in regionalen Vereinigungen, um Werte und Traditionen zu erhalten.

Die Familiengeschichte der Puricelli ist noch lange nicht abgeschlossen. Viele Fragen sind noch offen, immer neue stellen sich. Aufgrund der bisher gefundenen Unterlagen scheint die Familie in den vergangenen Jahren in Vergessenheit geraten zu sein, obwohl, wenn man ihr soziales und wirtschaftliches Engagement betrachtet, sie für das Nahetal Bedeutendes geleistet hat. Die Familie hat nicht nur vielen Menschen Arbeit gegeben, sondern hat auch im kulturellen Bereich der Nachwelt Nennenswertes hinterlassen.

Anmerkungen

1) Gerhardt Preuschen: Zur Geschichte des Schlosses im Bangert in Bad Kreuznach. Bad Kreuznach 1981, S.6. (= Schriftenreihe des Amtes für Schul- und Kulturwesen der Stadt Bad Kreuznach, 1).

2) zu Recum vgl.: Faber, Karl-Georg: Andreas van Recum 1765-1828, ein rheinischer Kosmopolit. Bonn 1969.

3) Vgl. G. Preuschen 1981, S. 19.

4) Über das Leben und Wirken von Franziska Puricelli berichtet Graf v. Plettenberg in einem anderen Aufsatz in diesem Band.

5) Zit. nach: Peter Bahn: Die Puricellis. Bad Kreuznach 1989, S. 64.

6) Zit. nach: P. Bahn, 1989, S. 64.

7) StaKr II/ 8.

8) StaKr II/32.

9) StaKr VII/ 54.

10) StaKr VII/ 50.

11) StaKr VII/50.

12) StaKr VII/50.

13) StaKr II/16.

14) StaKr II/16.

15) StaKr III/ 23.

16) StaKr II/ 4.

17) Das große Palmenhaus war 1870 vollendet.

18) Architekt war wiederum Georg Strebel aus Regensburg.

Literatur:

Bahn, Peter: Die Puricellis. Bad Kreuznach 1989.

Plettenberg, Constantin Graf von: Die Familie Puricelli als Auftraggeber der Binger Photographen Johann Baptist und Jacob Hilsdorf. In: Binger Geschichtsblätter, 1996, S. 23-70.

Preuschen, Gerhardt: Zur Geschichte des Schlosses im Bangert in Bad Kreuznach (Amalienschloß). Bad Kreuznach 1981 (= Schriftenreihe des Amtes für Schul- und Kulturwesen der Stadt Bad Kreuznach, 1).

Schmitt, Robert: Geschichte der Rheinböllerhütte. Köln 1961 (= Schriften zur Rheinisch-Westfälischen Wirtschaftsgeschichte, 6).

Schneider, Clemens: Auf altrömischen Mauern. In: Bad Kreuznacher Heimatblätter, Nr.2, 1988.

Schneider, Clemens: Als Loren durchs Rittergut rollten. In: Bad Kreuznacher Heimatblätter, Nr. 11, 1986.

Quellen:
Stadtarchiv Kreuznach (StaKr), Nachlaß Puricelli
Unterlagen in Privatbesitz

Klaus Freckmann

Die Holzmodelnsammlung gußeiserner Platten auf Burg Reichenstein

Unter den diversen Sammlungen auf Reichenstein stellt die Kollektion der aus Holz – aus Eiche, Buche oder Nußbaum – geschnitzten Vorlagen oder Modelle für Kamin-, Taken- und Ofenplatten eine Besonderheit dar. Unter diesen Arbeiten sind erhaben ausgeführte Reliefs zu verstehen, deren Bildnis in ein flaches Sandbett gedrückt wurde. Das auf diese Weise gewonnene Muster wurde mit flüssigem Eisen ausgegossen und diente somit als ein Negativ für gußeiserne Platten. Das Positiv war das Model, das in seiner äußeren Erscheinung dem gestalteten Füllbrett eines Schrankes, einer Truhe oder einer geschnitzten Türe gleicht. Rückseitig sind an diese Mustertafeln hölzerne Stege oder Leisten angebracht, welche die einzelnen, miteinander verdübelten Bretter zusammenhalten und die zugleich auch als Griffe während der Arbeit am Sandbett fungieren können. Ein schmales, 1964 von Erich Engelhard aufgestelltes "Verzeichnis der Herdgußplatten aus der Sammlung Baron Dr. Paul Kirsch-Puricelli auf Burg Reichenstein (Trechtingshausen)" führt auch die damals zirka dreißig Exemplare an Modeln auf. Die heute noch verbliebenen sechzehn sind der Fachwelt – man vergleiche nur das Standardwerk von Karlheinz von den Driesch: Handbuch der Ofen-, Kamin- und Takenplatten im Rheinland (Bonn 1990; S. 71-111) - wohlbekannt und müßten deswegen hier nicht noch einmal hervorgehoben werden. Da die Sammlung das kulturhistorische und ästhetische Verständnis der Persönlichkeit widerspiegelt, die sie bereits 1938 der Öffentlichkeit zugänglich gemacht hat, soll sie doch noch einmal kurz vorgestellt und damit gewürdigt werden.

Im Vorwort des kleinen Kataloges heißt es, daß der museale Plattenbestand "einst als Bodenbelag in der Gießerei der Rheinböllerhütte" diente. Weiter wird ausgeführt, "daß auf der Rheinböllerhütte nach ihnen (d. h. den Modeln) gegossen worden ist". Daraus ist aber nicht zu folgern, die Modelle seien eigens für diese Produktionsstätte gearbeitet worden, was nicht nur inschriftlich von manchen Tafeln, sondern auch von dem Verzeichnis bestätigt wird. Auf den Tafeln ist nämlich öfter expressis verbis "Nassau-Oranien", "Nassau-Weilburg" oder "Löhnberg" ausgeschrieben – Hinweise auf das ehemalige Territorium Nassau und auf dessen Hüttenorte Weilburg und Löhnberg. Da ein entsprechender Herkunftsstempel fehlt, mögen diese Bezeichnungen nicht unbedingt für die angenommene Provenienz stehen; aber der Schluß liegt nahe; die Literatur ist keiner anderen Ansicht; und die Reichensteiner Liste vermerkt in diesen Fällen den Doppelnamen "Löhnberg-Rheinböllen" oder "Weilburg-Rheinböllen". Man hatte also irgendwann die Modeln von befreundeten Hütten oder von solchen, die sich wirtschaftlich anders orientierten, erworben, um vielleicht weiterhin damit gußeiserne Platten herzustellen, wie der kleine Katalog nahelegt. Möglicherweise hat man in diesen Mustern aber auch gleich museale Sammlungsobjekte gesehen. Dies ist heute nicht mehr zu klären. Modeln – das sei noch betont – gehörten zum wertvollen Betriebsvermögen einer Hütte; sie wurden ähnlich Patenten oder Lizenzen gehandelt und konnten somit auch in andere Regionen wandern – keine Seltenheit.

Vergleicht man die Modeln der Abbildungen 1 und 2 (Maße: 73 x 73 cm, 65 x 57 cm) miteinander, die das biblische Thema: Das Ölwunder des Elisäus darstellen, so fällt gleich die Ähnlichkeit der Komposition auf, wenn auch die Personengruppen unterschiedlich aufgefaßt sind. Die Säulenarchitektur ist nahezu identisch, und zwar bis hin zu den Details der Tücher und Girlanden zwischen den Kapitellen. Auch die Kartuschen mit dem erklärenden Text und dem begleitenden Blattwerk weisen eine so große Ähnlichkeit auf, daß sich die alternative Schlußfolgerung aufdrängt: Entweder handelt es sich bei den beiden Arbeiten um eine Handschrift, um die Erzeugnisse einer Werkstätte, oder wir haben es mit einem Original und einer Kopie zu tun. Auch bei den nächsten beiden Beispielen – Abb. 3, wiederum das Ölwunder, 63 x 53 cm; Abb. 4, die Hochzeit zu Kana, 65 x 45 am – sind die kompositorische Verwandtschaft und die Behandlung der Einzelheiten überaus deutlich. Die beiden sogenannten "Löhnberger Wasserkrüge" unterscheiden sich beinahe nur in ihrer Größe voneinander (Abb. 5: 72 x 57 cm; Abb. 6: 68 x 50 cm). Die beiden Wappenmodeln "VIVAT NASSAU WEILBURG" (Abb. 7: 73 x 72 cm; Abb. 8: 73 x 79 cm) sind wieder identisch miteinander und haben mit der etwas kleineren Jupiter-Platte (Abb. 9) das rahmende Bändelwerk und den Baldachin mit den drapierten Stoffen gemein-

Abb. 1-3: Das Ölwunder des Elisäus

Abb. 4: Die Hochzeit zu Kana   Abb. 5: "Löhnberger Wasserkrüge"

sam. Dies legt treffend die Kombinationsmöglichkeiten von Bildinhalt und dekorativem Umfeld dar. Die verschieden großen heraldischen Tafeln "VIVAT NASSAU ORANIEN" mit dem Allianzwappen Nassau – Großbritannien sind zum Verwechseln ähnlich (Abb. 10-13, 62 x 62 bis 72 x 86 cm). Bei genauerem Hinsehen fallen doch einige Abweichungen auf. Man betrachte nur das sehr menschlich wirkende Gesicht des wappenhaltenden Löwen, das dem Schnitzer offensichtlich einige Schwierigkeiten bereitet hat. Vergleicht man den Rahmen dieser Platten mit denjenigen der "Löhnberger Wasserkrüge" (Abb. 5-6), so erkennt man auch wieder dieselbe Handschrift. Das Model der Abb. 14 (65 x 57 cm) ist insofern hervorhebenswert, als es ein Beispiel für den Stilverzug ist; denn die Arbeit ist einerseits mit 1804 datiert und ist andererseits in der Manier des Rokoko dekoriert - mit einer Blumenschale und Tauben. Sicherlich hatte man eine ältere Vorlage benutzt und in sie nachträglich die Initialen und die Jahreszahl eingefügt. Klassizistischen Geist strahlt dagegen die allegorische Darstellung einer Frau aus, die sich sozusagen der Antike zuwendet (Abb. 15, 77 x 64 cm).

Leider haben sich nur die Objekte – die Modeln – erhalten. Das Wissen um die Meister – die Bildhauer und Schnitzer – ist nicht überliefert. Berücksichtigt man die Ähnlichkeit der Tafeln und die beträchtliche Kunstfertigkeit, die man ihnen nicht absprechen kann, so kann man sich spezielle Werkstätten vorstellen, die im engen Kontakt mit den Eisenhütten standen. Bei den Entwürfen konnten die Meister – wie das auch von den Kupferstechern oder Lithographen bekannt ist – auf Vorlagen aus der Kunst, vor allem auf Ornamentstiche und auf heraldische Darstellungen zurückgreifen. Die Vorlagenblätter ließen sich mannigfach variieren, so daß sich eine Vielfalt kompositorischer Möglichkeiten ergab. Der schöpferischen Phantasie waren kaum Grenzen gesetzt. Das erklärt die zahlreichen Motive auf den Ofen-, Kamin- und Takenplatten.

Die einzigartige Sammlung an Modeln auf Burg Reichenstein ist ein einführendes Kapitel in die Kulturgeschichte der gußeisernen Platten. Mit Hilfe dieses Anschauungsmaterials läßt sich deren Herstellung nachvollziehen und die geistige Welt verstehen, in der die Formschneider, die Schnitzer oder Bildhauer lebten. Sie schufen kleine Kunstwerke, die sowohl individuellen als auch seriellen Charakter haben, so wie dies von der Handwerks- oder Volkskunst her bekannt ist. Es ist erfreulich, daß der Sammler dieser Objekte sich nicht nur mit Einzelstücken begnügte, sondern eine Reihe scheinbar gleicher Exemplare zusammengetragen hat. So ist ein Vergleich bis in die kleinsten Details möglich.

Abb. 7: "VIVAT NASSAU WEILBURG"

Abb. 11-13: "VIVAT NASSAU ORANIEN"

Abb. 6: "Löhnberger Wasserkrüge

Abb. 9: Jupiter

Abb. 14: Blumenschale mit Tauben

Abb. 10: "VIVAT NASSAU ORANIEN"

Abb. 8: "VIVAT NASSAU WEILBURG"

Abb. 15: Allegorische Darstellung als Frau

141

Fritz Schellack

Zur Produktionspalette der Rheinböller Hütte – dargestellt am Beispiel eines Musterbuches

Die Existenz einer Ofensammlung auf Burg Reichenstein, von Musterbüchern der Rheinböller Hütte und die Tatsache, daß seit einigen Jahren im Rahmen von Dorferneuerungsprogrammen dörfliche Brunnen, u. a. gegossen auf der Rheinböller Hütte, in abgewandelter Funktion eine Renaissance auf Dorfplätzen erleben, bieten einen Anlaß, den Produktionsbereich eines Hunsrücker Eisenhüttenwerkes im Rahmen dieses Bandes zumindest kurz zu thematisieren. Dabei wird es kaum gelingen, das insbesondere in der grundlegenden Dissertation von Hermann Josef Braun[1] über das Eisenhüttenwesen im Hunsrück vom 15. bis zum 18. Jahrhundert beklagte Forschungsdesiderat zu beseitigen, daß gerade diesem Aspekt innerhalb der bisherigen Forschungen nur wenig Rechnung getragen worden ist. Dabei verweist der Autor auf H. W. Böcking[2] und R. Schmitt,[3] die sich bei der Darstellung der Hüttenproduktion vornehmlich auf den Eisenkunstguß beziehen und die Herstellung von Produkten für Landwirtschaft, Haushalt oder verschiedene Handwerksberufe. Zudem kämen in der zumeist nur knappen Auflistung der Gegenstände Motive und Konsequenzen dieser Produktion zu kurz. Braun selbst zeigt auf, welche Bedeu-

tung die Produktion von Kriegsmaterial im 17. und 18. Jahrhundert für das wirtschaftliche Überleben der Hunsrücker Hüttenwerke hatte, und zitiert, um auch die Zeitspanne und die geographische Verbreitung zu verdeutlichen, um die es geht, Friedrich Helbach, der 1605 schrieb: *"Eiysenberwerck gibt es umb Birckenfeldt, da man die schönsten eyserne Offen, und allerhandt Gefäß macht, soweit in andere Landt verführet werden."*[5]
In bezug auf die Geschichte der Rheinböller Hütte ist bis in die Gegenwart die bereits erwähnte Arbeit von Robert Schmitt aus dem Jahr 1961 grundlegend geblieben. Eine detaillierte Auswertung der dickleibigen Geschäftsbücher, wie sie im Museum auf Burg Reichenstein zu sehen sind, könnte genauere als bisher bekannte Erkenntnisse liefern, doch dürften hinsichtlich des von Schmitt zusammengefaßt dargebotenen Überblicks kaum größere Überraschungen zu erwarten sein. Hinweise auf den Absatzmarkt, die Absatzgebiete und die Marktanteile der einzelnen Gegenstände wären allerdings ein überaus nützliches Ergebnis einer solchen Auswertung. Insgesamt aber sei, so Schmitt, das Produktionsprogramm der Rheinböller Hütte von jeher klein gewesen: *"Roheisen, ein wenig Schmiedeeisen, Poterie, Kochherde und Öfen. Im einzelnen weisen aber die dickleibigen Musterbücher der Rheinböller Hütte schon in der ersten Hälfte des 19. Jahrhunderts eine außerordentlich große Vielzahl von*

Modellen auf, vor allem Herde und Öfen. Es befanden sich darunter schon frühzeitig auch komplizierte Systeme von Regulier- und Dauerbrandöfen [...]. In der zweiten Hälfte des vorigen Jahrhunderts wurde die Herstellung von gußeisernen Röhren, Säulen und Kandelabern auf der Rheinböller Hütte aufgenommen, größtenteils zur Installierung der damals in den größeren Städten neu erstehenden Gasbeleuchtung. Mit dem Fortschreiten der Emaillier- und Vernickelungstechnik verfeinerten sich die auf der Hütte hergestellten Herde und sonstigen Haushaltsgeräte. Seit Beginn dieses Jahrhunderts befaßte man sich auch mit der Fabrikation von Großküchenanlagen für Krankenhäuser und Hotels. Neben den einfachen Handelsgußwaren wurden auch Maschinenteile nach eigenen und fremden Modellen gegossen. [...] [6]

Voraussetzung für eine solche Produktion waren entsprechende technische Anlagen. Es sei in diesem Zusammenhang lediglich noch einmal darauf hingewiesen, daß 1893 der letzte Hochofen auf der Hütte ausgeblasen und seither das Roheisen aus dritter Hand zugekauft wurde. Die Zufuhr der Produktionsrohstoffe wurde durch den Bau der Bahnstrecke von Langenlonsheim nach Simmern erleichtert, die 1889 eröffnet wurde. Darüber hinaus machte vor allen Dingen die Veredlungstechnik auf der Hütte große Fortschritte (Emaillieren, Messinggießerei und Vernickelung).

Ein weiterer wichtiger Aspekt war der Absatzmarkt für die variantenreiche Modellpalette. Hier wird deutlich, daß im unmittelbaren Umfeld des Betriebes und angesichts der im 19. Jahrhundert nicht eben günstigen Gesamtwirtschaftslage des Hunsrück-Nahe-Raums, zumindest was Luxusgüter wie Gartenmöbel oder aufwendige Treppengeländer anbelangt, sicher nicht von einer hohen Absatzzahl im Nahbereich des Unternehmens ausgegangen werden kann. Entscheidend für einen entsprechenden Absatz waren insofern übergeordnete Trends bzw. Entwicklungen. Analysen verschiedener Kataloge von Eisen- und Gußwarenherstellern haben gezeigt, daß im Angebot moderne Produkte neben vergleichsweise alten, mithin überkommenen Entwicklungen bis zum Ende des 19. Jahrhunderts vertreten waren. Dabei konnten ältere Modellvarianten zu günstigeren Preisen angeboten werden als neuere Typen. Das entsprach zugleich dem Spektrum der gesellschaftlichen Hierarchie bzw. dem Markt, für den produziert wurde. Die Übernahme technischer Neuerungen war im ausgehenden 19. Jahrhundert deutlicher als in der Gegenwart einer etablierten und kaufkräftigen Oberschicht vorbehalten, während breite Bevölkerungschichten aus wirtschaftlichen Gründen dazu nur schwerlich in der Lage waren. Diese in der Literatur bereits geäußerten Befunde bestätigen sich auch bei der Durchsicht noch vorhandener Musterbücher der Rheinböller Hütte. Der folgenden kleinen Übersicht liegen die Bücher von 1868 und im Schwerpunkt die 6. Auflage von 1896 zugrunde. [7]

Das zuletzt genannte Buch umfaßt insgesamt 175 numerierte Blätter, auf denen sich alle Produktvariationen abgebildet finden. Ein elfseitiges, alphabetisches Inhaltsverzeichnis erschließt das Musterbuch. Auf 59 Blättern wird die Bandbreite der Ofenproduktion dargestellt, darunter Kochherde mit den Modellbezeichnungen: Dejeuner, Lyoner, Nieverner oder Koblenzer, Pforzheimer, französischer Sparkochherd, Sparkochherde. [8] (Vgl. Abb. nächste S.) Unter dem Stichwort Füll-Regulier-Öfen findet sich die gesamte Bandbreite des damaligen Angebots. Gerade dieser Thematik haben bereits viele Autoren ihre Aufmerksamkeit gewidmet und zugleich den

143

Lyoner Herde

Französische Sparherde

(1 Satz zu Steinkohlenbrand mit besonderem Kochraum.)

mit Trockenofen

(1 Satz zu Steinkohlenbrand mit Trockenofen)

	1 Satz.		2 Satz.	
Höhe	420		650 mm	
Länge	600		600 ,	
Gew. ca	36		46 kg.	

Weite	178	195	225 mm	
Tiefe	100	112	125 ,	
Gew. ca	15	2	2.5 kg	

	No	60	0	
Höhe		690	500 mm	
Länge		510	570 ,	
Breite		380	464 ,	
Weite der Kochlöcher		210	235 ,	
Gew. ca		44	46 kg.	

Einsatztöpfe dazu Bl. 55

	No	8	10	
Weite		110	235 mm	
Tiefe		145	165 ,	
Gew. ca		2	4.5 kg	
Deckel dazu		1	1	

144

Eisenkunstguß unter vorwiegend ästhetischen bzw. kunsthistorischen Aspekten behandelt.[9] Es würde in diesem Zusammenhang zu weit führen, die historischen Entstehungsbedingungen der einzelnen Ofentypen, verbunden mit der Darstellung technischer Entwicklungen, hier zu referieren, doch mag ein kleines Beispiel die Abhängigkeit von Produktion und gesellschaftlichem Kontext im Bereich der Ofenproduktion verdeutlichen.

Während der Katalog von 1868 noch keine Abbildungen von speziellen Gefängnisöfen enthält, finden sich 1896 zwei Modelle im Angebot der Hütte. Das besondere dieser Öfen liegt darin, daß sie nicht aus der Zelle, sondern nur von außen beschickt und geöffnet werden können. Sie können zugleich als Indiz für einen in der damals einsetzenden und für die Zeitverhältnisse moderneren Strafvollzug gewertet werden, als das Heizen einzelner Gefängniszellen offenbar noch nicht zum flächendeckenden Standard gehörte. Daß sich überhaupt solche Öfen im Angebot befinden, spricht zugleich für das unternehmerische Gespür der Hüttenbesitzer, einer offenbar am Ende des 19. Jahrhunderts vorhandenen Nachfrage auf diesem Gebiet entgegenzukommen. (Vgl. Abb. rechts).

Ein zweiter Hinweis auf reale gesamtgesellschaftliche Veränderungsprozesse spiegelt sich ebenfalls im Verkaufsangebot der Rheinböller Hütte wider. Während 1868 mit der Produktion verschiedener Zollgewichte den noch nicht gänzlich beseitigten unterschiedlichen Maßsystemen in Deutschland Rechnung getragen wurde, finden sich 25 Jahre nach der Reichsgründung von 1871 nur noch die metrischen Gewichte im Musterkatalog. (Vgl. d. nebenstehenden Abb.). Als weiteres Detail ist auch die Produktion von Turnhanteln zu nennen, die erst nach dem Wiederbeginn einer liberaleren Vereinspolitik in den sechziger Jah-

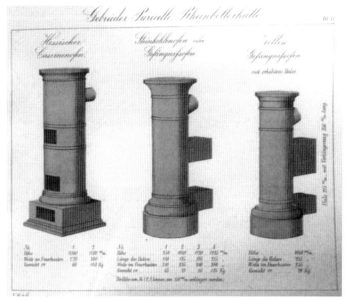

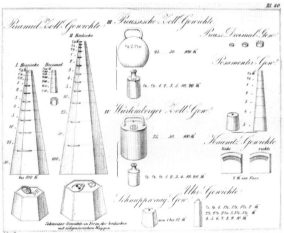

Metrische Gewichte, N°10 u. G.

auch in Cylinderform

50 Kg.

100 Gr. 200 Gr.   500 Gr. 1 Kg.   Eichgebühren

10 Gr.	100 Gr.	200 Gr.	0,5 Kg.	1 Kg.	5 Kg.	10 Kg.	20 Kg.	50 Kg.
15	15	15	15	15	25	25	50	85 cJ.

Posamentir Gew.

0,25 Kg.   0,25 Kg.
0,5   1.
1,5 .   2.
2,5 .

Schnappwaag Gew.

von 0,5 – 6 Kg.

Turn Handeln

N°.	1	2	3	4
Gew. m	3	4	4,5	10 Kg etc

Fig. I.

Uhrgewichte Tannenzapfen

N°.	1	2	3	4	5	6	7	8	9
Gew.	0,1	0,25	0,31	0,51	0,62	0,81	1,01	1,5 Kg.

Kanitz Gewichte

R.   L.

5,5 Kg im Paar

Uhr Gewichte

Fig. II

Gew.	0,25	0,31	0,31	0,5 Kg
Gew.	1.	1,25	1,5.	1,75.
	1.	1,25	2 .	2,5 .
	3.	3,5	4 .	4,5 .

N°.	1	2	3	4
Gew.	0,5	0,75	0,85	1,5 Kg

146

ren des vergangenenen Jahrhunderts einen unternehmerischen Sinn machte. Es mag in diesem Zusammenhang erwähnt werden, daß sich 1865 in Rheinböllen der erste Turnverein im damaligen Kreis Simmern gründete.[10]

Die von R. Schmitt erwähnte Produktion des Zubehörs für Straßenbeleuchtungen und für Abwassersysteme geben einen eindeutigen Hinweis auf den damals überwiegenden städtischen Absatzmarkt. Im Musterbuch von 1896 steht folgender Vermerk: *„Alle zur Gasfabrikation nöthigen Einrichtungs-Gegenstände, wie solche seit 40 Jahren in den bedeutenden Gasfabriken Deutschlands gangbar sind, werden nach vorhandenen Modellen, sowie auch besonderen Zeichnungen geliefert.“*[11] (Vgl. Abb. rechts).

Auftraggeber und Abnehmer für aufwendige Gußkandelaber, für gußeiserne Gartenmöbel, Tische, Stühle, Bänke, für verschnörkelte Balkon-, Fenstergitter, Tür- und Torfüllungen, Roste und verzierte Fußabkratzer, für weiteres Ziermaterial wie Löwenköpfe für Tore, Spitzen für Eisenzäune, Rosetten usw. sind auf privatem Sektor am Ende des 19. Jahrhunderts zweifellos in höheren gesellschaftlichen Schichten zu suchen, worunter höhere Beamte, Unternehmer, höhere militärische Dienstgrade oder im ländlichen Bereich auch Großbauern und Gutsbesitzer zu rechnen sind. (Abb. nächste S.). Die genannten Gegenstände begegnen aufmerksamen Beobachtern mitunter noch heute an Gebäuden, die im ausgehenden 19. Jahrhundert errichtet worden sind. Als Beispiel für den ländlichen Bereich seien die großen Gehöftanlagen sogenannter "rheinhessischer Zuckerrübenbarone" genannt, wie sie in der Ortsdurchfahrt von St. Johann, in Undenheim oder in Uelversheim anzutreffen sind. Daneben sind kleinstädtische Villen als Beispiele heranzuziehen, z. B. in Boppard oder Kirn.

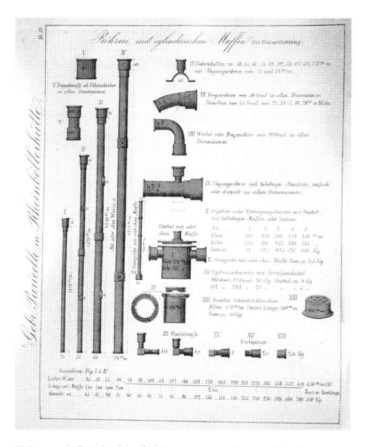

Weitaus mehr Spürsinn ist aufzubringen, wenn es darum geht, gußeiserne Grabkreuze oder Grabeinfassungen auf Friedhöfen zu entdecken, die unter Umständen von der Rheinböller Hütte stammen. Die Aufnahme einer gußeisernen Urne in das Produktionsprogramm trug der sich in der zweiten Hälfte des 19. Jahrhunderts ausbreitenden Feuerbestattung ein wenig Rechnung. (Vgl. Abb. nächste S.).

147

Neben dem Produktionsbereich für luxuriösere Güter enthält der Katalog von 1896 wie seine Vorgänger ein breites Spektrum von Gegenständen für den sogenannten alltäglichen Bedarf. Es handelt sich um zahlreiche Variationen von Töpfen, Pfannen und Brätern, erweitert durch die Produktion von Waffeleisen und eines Kaffeebrenners, die sich beide noch nicht im Katalog von 1868 finden.

Darüber hinaus sind Geräte, Handwerkszubehör und Werkzeuge zu nennen, die auf der Hütte hergestellt wurden. Dazu zählen Jauche-, Pfuhl- und Wasserpumpen, gußeiserne Kelterschrauben, Stallfenster, Kuh- und Pferdekrippen, Mühlhauen, -pfannen und Mühlgeschirre, Antriebs-, Schwung-, Karrenräder, Riemenscheiben, Schare und Bauteile für verschiedene Pflugmodelle. Über den Marktanteil der zuletzt genannten Produkte kann vorläufig nur spekuliert werden, doch läßt sich daraus schließen, daß offenbar auch für das ländliche Umfeld des Hüttenwerkes aus unternehmerischer Sicht gewinnbringend produziert werden konnte. Viele der genannten Bauteile, z. B. für die Pflüge oder Keltern, wurden über dörfliche Schmiedewerkstätten wei-

terverkauft ebenso wie zahlreiche Gußfertigprodukte, deren Herstellung auf rein handwerklicher Basis sich in den Dorfwerkstätten nicht mehr lohnte. Die Schmiede fungierten lediglich noch als Zwischenhändler. In diesem Bereich deutet sich die Konkurrenz industrieller Produktion gegenüber dem Dorfschmiedehandwerk an, ein Faktor, der neben vielen anderen dieses traditionelle dörfliche Berufsfeld zurückdrängte.

Unter Berücksichtigung der kurz skizzierten Themenbereiche wird der Quellenwert des vorliegenden Musterbuches von 1896 deutlich. Es kann der Zuordnung einzelner Produkte der Rheinböller Hütte, z. B. bei der Inventarisierung von Sammlungen wie die der Öfen und Herdplatten auf Burg Reichenstein dienen, zugleich ist es auf indirekte Weise eine wirtschafts-, sozial-, kultur- und kunstgeschichtliche Quelle. Die im Musterbuch angebotene Produktion des Hüttenwerkes erlaubt einen vorsichtigen und zugleich anschaulichen Blick auf Wohn-, Arbeits- und Lebensverhältnisse in verschiedenen gesellschaftlichen Schichten. Umgekehrt führt diese Quellengattung zu einer Vielzahl derzeit nicht zu beantwortbaren Fragen, z. B. wer die oft kunstvollen Modelle herstellte, woher sie eventuell erworben wurden oder wer die Ideen für Produktinnovationen im Betrieb umsetzte bzw. mitbrachte.

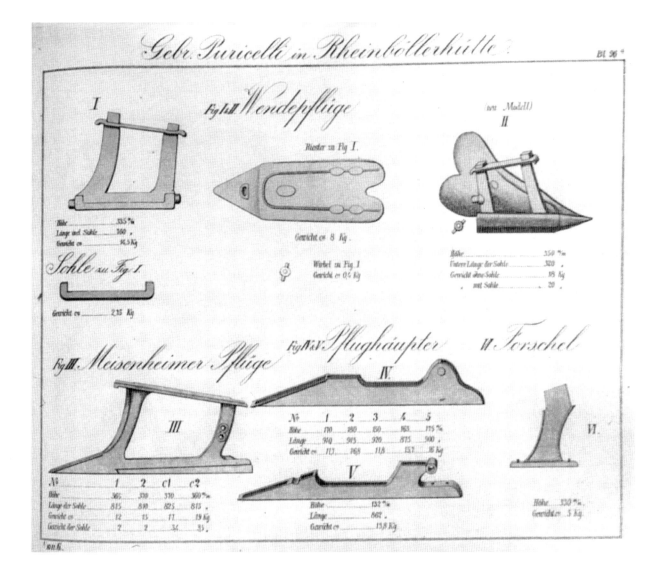

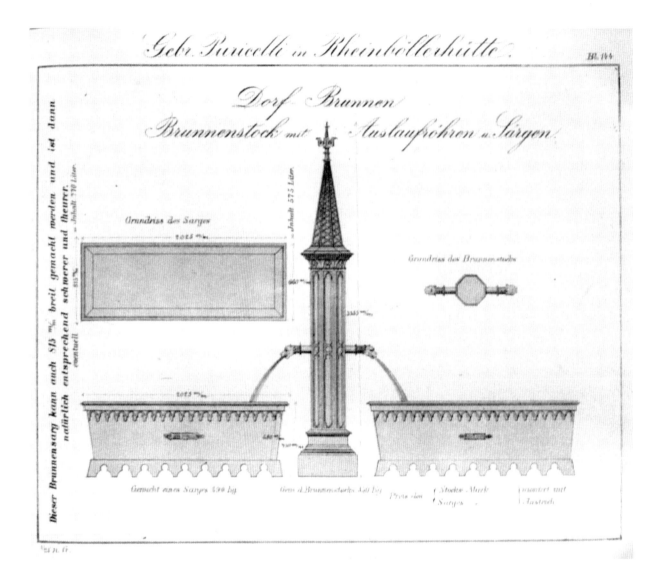

Insgesamt bleibt zu hoffen, daß eine systematische Auswertung der Geschäftsbücher der Rheinböller Hütte bald in Angriff genommen wird, um eine bis dato gerade auf wirtschaftsgeschichtlicher Seite bestehende Forschungslücke endlich zu schließen.

Anmerkungen

1) Vgl. Braun, Hermann-Josef: Das Eisenhüttenwesen des Hunsrücks 15. bis 18 Jahrhundert. Trier 1991. (Trierer Historische Forschungen, Bd. 17).

2. Vgl. Böcking, H.W.: Abentheuer. Beiträge zur Geschichte des Ortes und seiner Eisenhütte, Birkenfeld 1961. (Mitteilungen des Vereins für Heimatkunde im Landkreis Birkenfeld, Sonderheft 6).

3) Vgl. Schmitt, Robert: Geschichte der Rheinböllerhütte. Köln 1961. (Schriften zur rhein.-westfäl. Wirtschaftsgeschichte. N.F., Bd. 6).

4) Eine in dieser Hinsicht nützliche Ergänzung liefert die Magisterarbeit von Binz, Gerhard: Gußeiserne Öfen aus zwei Jahrhunderten. Die Sammlung Lengler im Saarland. Mainz 1992. (Studien zur Volkskultur in Rheinland-Pfalz, Bd. 12). Binz verweist zwar in seinem Literaturverzeichnis auf die Arbeit von Braun, nimmt allerdings in keiner Anmerkung darauf Bezug, obwohl er im Sinne Brauns den Kenntnisstand erweitert.

5) Vgl. H.J. Braun, Das Eisenhüttenwesen, S. 150. Hinsichtlich des in Brauns Arbeit bemängelten Forschungsstandes hilft die Arbeit von G. Binz (wie Anmerk. 4) allerdings weiter, denn am Beispiel einer Ofensammlung werden technische Entwicklungen und sozioökologische Hintergründe aufgezeigt. Es finden sich auch einige Beispiele von der Rheinböller Hütte.

6) Vgl. R. Schmitt, Rheinböllerhütte, S. 74. Da die 1961 erschienene Arbeit von R. Schmitt längst vergriffen ist und zumindest einem brei-

teren Publikum nicht ohne weiteres bekannt sein dürfte, möge die etwas längere Textwiedergabe an dieser Stelle entschuldigt werden.

7) Ich beziehe mich auf die im Freilichtmuseum Bad Sobernheim archivierten Bestände und Fotos und auf ein Exemplar im Privatbesitz von Constantin Graf von Plettenberg, dem ich für die Benutzung des Kataloges von 1896 und viele nützliche Hinweise zu danken habe. Vgl. auch Freckmann, Klaus/Kissling, Hans Peter: Eisenguß – Platten und Öfen. Sammlung Simmerhammer. Köln, Bernkastel-Kues 1984. (Schriftenreihe des Freilichtmuseums Sobernheim, Nr. 10). S. 98-104.

8) Gußwaren-Abbildungen von Gebrüder Puricelli vormals Friedr. Wilh. Utsch Rheinböller Hüttenwerken per Bingerbrück a/Rhein. 6. Auflage 1896. o. O., (Bl. 21, 44, 45, 45a, 46, 47).

9) Vgl. hierzu G. Binz, wie Anmerk. 4, S. 120-136. Für das Gebiet des Rheinlandes vgl. die umfassende Darstellung von Driesch, Karlheinz von den: Handbuch der Ofen-, Kamin- und Takenplatten. Köln 1990. (Werken und Wohnen. Volkskundliche Untersuchungen im Rheinland, 17).

10) Vgl. in diesem Zusammenhang Schellack, Gustav: 50. Gaubergfest an der Nunkirche 1987. Historischer Rückblick auf das Turnwesen im Rhein-Nahe-Hunsrückgebiet. In: Hunsrücker Heimatblätter 71, 1987, S. 2-10. Das Turnverbot in Preußen war 1842 aufgehoben worden, die Deutsche Turnerschaft gründete sich 1868.

11) Vgl. Gusswaaren-Abbildungen 1896, Bl. 129.

12) Zum Gesamtthema vgl. Schneider, Thomas: Vom Ende der Dorfschmiede. Wirtschaftliche und soziale Veränderungen im Hunsrück-Nahe-Raum nach 1945 dargestellt am Beispiel des ländlichen Schmiedehandwerks. Mainz 1994. (Mainzer kleine Schriften zur Volkskultur, Bd. 7).

Fritz Schellack

Die Unternehmerfamilie Puricelli im Spiegel alltäglicher, öffentlicher und mündlicher Überlieferungen

Die Gedenkveranstaltungen zum 100. Todestag der Stifterin Franziska Puricelli im November 1996 haben deutlich gemacht, daß für manche Bereiche der Familiengeschichte noch zusätzliche und neue Erkenntnisse erwartet werden können. Dabei kommt vor allem die historisch-archivalische Methode zum Tragen, d. h. die Auswertung zahlreicher Dokumente, die zum Teil noch unbearbeitet im Stadtarchiv von Bad Kreuznach oder im Archiv der Burg Reichenstein zu finden sind. Im folgenden wird versucht, Aspekte der Familiengeschichte vornehmlich mit der oral-history-Methoden zu erschließen.[1] Dieses Vorhaben ist unterdessen ein schon schwieriges Unterfangen, denn die Zahl der Zeitzeugen, die von der Unternehmerfamilie berichten können und wollen, wird zunehmend kleiner. In manchen Bereichen handelt es sich schon um mündliche Überlieferungen in der zweiten Generation.

Zudem, auch das zeigt die nähere Beschäftigung mit der Thematik, verblassen alltägliche Erinnerungen offenbar in kurzer Zeit, wenn nicht durch besondere Ereignisse, Gedenktage, Gedenksteine, Bauwerke, Bücher oder Tonträger Beziehungen zur Vergangenheit hergestellt werden. Der Quellenwert mündlicher Überlieferung wurde über viele Jahre hinweg vor allem in der Geschichtswissenschaft kontrovers diskutiert, doch zahlreiche Forschungsarbeiten zur Thematik haben offengelegt, daß Ergebnisse erreicht werden können, die mehr sind als die Publikation des Irrelevanten aus der "mikroanalytischen Besenkammer."[2] So wird an dieser Stelle nicht versucht, auf der Basis mündlicher Erinnerungen Ereignisgeschichte und Fakten zu rekonstruieren, sondern das Bemühen geht dahin, festzustellen, was vom Wirken einer rheinischen Unternehmerfamilie im alltäglichen Bewußtsein wie und warum wahrgenommen wird und wurde. Im Verlauf der Materialerhebung wurde davon ausgegangen, daß Erinnerungen an die Familie Puricelli Bestandteil alltäglicher Kommunikation sein müßten, angesichts der früheren Bedeutung, welche die Unternehmerfamilie als Arbeitgeber für die Region um die Rheinböller Hütte hatte. So wurden in diesem Zusammenhang auch die sogenannten schwank- bzw. anekdotenhaften Erzählungen als Bestandteile alltäglicher Erinnerung berücksichtigt.[3]

Ein zweiter Aspekt kam hinzu; nämlich die Tatsache, daß durch die Stiftungen und caritativen Einrichtungen der Familie, verbunden mit entsprechenden Namensgebungen, ein dauerhaftes Erinnerungspotential geschaffen wurde. Darüber hinaus ist das Wirken der Familie Puricelli nicht nur auf den Industriestandort Rheinböller Hütte oder den seit Ende des 19. Jahrhunderts ausgebauten Familiensitz, die Burg Reichenstein über Trechtingshausen am Rhein, zu begrenzen, was einleitend in diesem Band skizziert wurde.

Dennoch lag es nahe anzunehmen, daß insbesondere im Umfeld von früher auf der Rheinböller Hütte, in den sozialen Einrichtungen bzw. Stiftungen oder direkt bei der Familie Beschäftigten Erinnerungen an die Puricellis wachgehalten würden bzw. abrufbar wären. Diese Annahme schien sich zunächst in der Tatsache zu bestätigen, daß im sogenannten "Volksmund" zahlreiche anekdotische Geschichten über den Unternehmer und Hüttenbesitzer Carl III. Puricelli bekannt sind.[4] Zugleich zeigten aber auch Stichproben, daß offenbar eine große Bandbreite innerhalb der einzelnen Erinnerungsthemen vorhanden ist.

Sie geht von uneingeschränkt positiven bis hin zu kritisch-negativen Erzählungen; sie reicht von tatsächlichen anekdotischen Ereignissen bis hin zu auf die Puricelli bezogenen Wandersagen, schließlich von der uneingeschränkten Erzählbereitschaft bis hin zu einem Mantel des Schweigens zu einzelnen Themenkomplexen. Darüber hinaus ist zu berücksichtigen, daß bestimmte Themen bereits über mehrere Generationen hinweg transportiert wurden, z. B. Erinnerungen an die Stifterin Franziska Puricelli oder an den lebensfrohen Carl Puricelli und daß sich längst nicht alle Erinnerungen unmittelbar auf Personen der Familie Puricelli beziehen.

Erinnerungen von ehemaligen Arbeitern, Firmen- und Hausangestellten, Dienstboten, Schülerinnen

Am 24. August 1993 verstarb im 92. Lebensjahr mit Clara Baronin Kirsch-Puricelli (geb. Gräfin Matuschka-Greiffenclau) die letzte Namensträgerin der Industriellenfamilie, deren wirtschaftlicher Aufstieg Ende des 18. Jahrhunderts als Besitzer der Rheinböller Hütte im Guldenbachtal begann. Die Verstorbene wurde am 31. August 1993 in der Gruftkapelle an der Rheinböller Hütte beigesetzt.

Auf der Stromberger Neuhütte, seit 1927 Wohnsitz der Familie Kirsch-Puricelli, gründete die Baronin 1950 die St. Clara Haushaltungsschule, die nur sieben Jahre in Betrieb war. Über 200 Schülerinnen besuchten diese Schule, die damals einzige ihrer Art im Hunsrück. 40 Jahre nach der Schließung der Schule trafen sich am 16. und 17. November 1996 ehemalige Schülerinnen der St. Clara Haushaltungsschule, und in diesem Zusammenhang wurden Erinnerungen an das frühere Schulleben ausgetauscht, in Auszügen in einer kleinen Festzeitung schriftlich niedergelegt und auch die Presse berichtete. Dieses Treffen fand zugleich zum 100. Todestag von Franziska Puricelli statt, der in Bad Kreuznach und in Rheinböllen Anlaß mehrerer Gedenkveranstaltungen war.

Rheinböller Hütte: Belegschaftsphoto 1927. Zum Anlaß vgl. Abbildung auf S. 156.

Die St. Clara Haushaltungsschule auf der Stromberger Neuhütte. Rechts davon das ehemalige Pförtnerhaus mit Werksglockenturm. Photo um 1955.

Eine der Schülerinnen reagierte am 31. August 1993 in einem Leserbrief auf einen Artikel in der Hunsrücker Zeitung, der den Tod der Baronin Kirsch-Puricelli thematisierte: "Als ehemalige Haushaltungsschülerin der St. Clara Schule, Stromberg Neuhütte, denke ich in Ehrfurcht und Dankbarkeit an die Gründerin Clara Baronin Kirsch-Puricelli. Die Schule war damals die einzige dieser Art im Hunsrück. Durch die staatliche Abschlußprüfung wurde jungen Mädchen eine Grundlage für die weitere Berufsausbildung geboten. Schulgeld wurde von den Schülerinnen bezahlt. Meines Wissens war der Grund für die Schließung der Schule auf keinen Fall die Straßenverbreiterungsmaßnahme der B 50. Das Schulgebäude, zweites Haus rechts, wurde erst nach der Erbteilung abgerissen. Die Schülerinnen erinnern sich

gerne an die schöne Zeit. Hier wurden Weichen gestellt für das Leben und Ökumene gelebt."[5]

Der Leserbrief wurde abgesandt, weil die öffentliche Berichterstattung mit der persönlichen Erinnerung und mitgeteilten historischen Fakten nicht übereinstimmte. In diesem Zwiespalt äußert sich zugleich die Problematik der oral-history, in der subjektives Empfinden mit scheinbar allgemeingültigen Erkenntnissen bzw. Fakten in Konflikt geraten kann. Je nach Bewertung des einzelnen, je nach biographischer Erfahrung und je nach Lebenszusammenhang konstituiert sich Erinnerung neu und wird schließlich neu interpretiert.[6] Dies zeigt sich auch am folgenden Beispiel, das ebenfalls durch die Presse überliefert ist. Im "Oeffentlichen Anzeiger" von Bad Kreuznach findet sich zur geschilderten Thematik folgender Bericht:

"Eine ehemalige Schülerin aus Seibersbach erinnert sich, daß damals für den Unterricht Räume in zwei Gebäuden zur Verfügung standen, von denen das außerdem auch als Wohnung genutzte Gebäude heute noch steht. Das Nebengebäude, in dem in erster Linie theoretischer Unterricht erteilt wurde, fiel Straßenbaumaßnahmen zum Opfer. Die Küche mit Herden war im Erdgeschoß untergebracht, die Unterrichtsräume im ersten Stock. Die damalige Schülerin erinnert sich: 'Wir zahlten im Monat 15 Mark. Einmal im Monat wurde die Baronin zum Essen eingeladen. Sie wollte sich von der Qualität des Essens, das die Mädchen zubereitet hatten, überzeugen.'"[7]

Vergleicht man Berichterstattung und Erinnerungen, so ergeben sich kleine Diskrepanzen in der räumlichen Zuordnung und über den eigentlichen Anlaß des Abrisses der Gebäude, der mit dem Ausbau der B 50 in Zusammenhang stand.

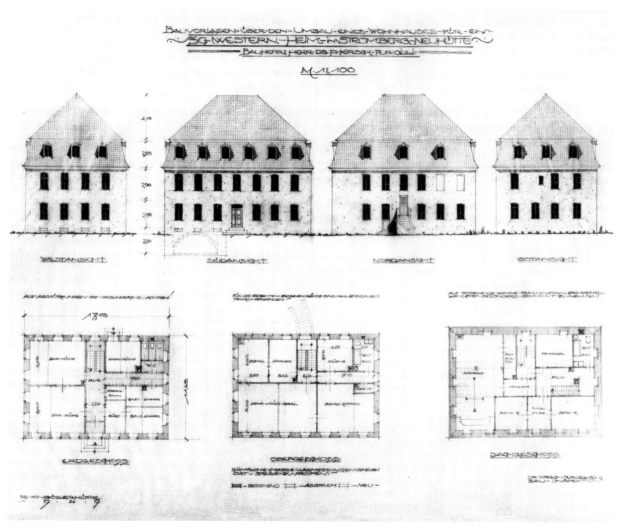

Stromberger Neuhütte: Baupläne (1949) für ein Schwesternheim der St. Clara Haushaltungsschule (LHAKoblenz 709,5, Nr. 106, Bl. 268)

Ein zweiter Erinnerungskomplex betrifft die Baronin Kirsch-Puricelli selbst, "die Gnädige", wie sie von einem Informanten genannt wurde. Im ersten Leserbrief wird das wohltätige Wirken in den Vordergrund gerückt, im zweiten wird die über die Schule wachende Mäzenin angesprochen, der auch strenge Wesenszüge nachgesagt werden.[8)]

In ihrer Funktion als Gattin des Unternehmers habe sie beispielsweise veranlaßt, daß Rheinböllener Fuhrleute auf der Rücktour vom Hofgut Bangert in Bad Kreuznach einen schweren Schrank zur Stromberger Neuhütte bringen sollten und von dort wiederum Reisig zum Werk nach Rheinböllen. Als die beiden Fuhrleute an der Villa in Stromberg angekommen waren, baten sie um zusätzliche Hilfe, damit der schwere Schrank ohne Beschädigun-

gen abgeladen und transportiert werden könne. Die Baronin hätte dieses Ansinnen versagt, mit dem Hinweis, daß sich die Männer nicht so anstellen sollten.

Eine banale Geschichte, die einen kleinen Einblick auf die Umgangsformen zwischen einer Unternehmersgattin gewährt, die in adligen Kreisen aufgewachsen und entsprechende Sozialisationsformen gelernt hatte, und den Fuhrleuten, die als Arbeiter ihr Geld auf der Hütte verdienten. Ein aus der Sicht der Arbeiter berechtigtes Anliegen wurde aus für sie nicht einsichtigen Gründen abgelehnt. Man hatte den Anweisungen auch unter erschwerten Bedingungen zu folgen.

Die Diskrepanz zweier Lebenswelten wird in diesem Punkt ansatzweise deutlich, die Lebenswelt der einflußreichen und zugleich wohlhabenden Unternehmerfamilie und derjenigen der Handwerker, Angestellten, Arbeiter und Tagelöhner, die auf die Gunst des einzigen großen Arbeitgebers in der Region angewiesen waren.

So finden sich auch bruchstückhafte Erinnerungen an den Arbeitsalltag auf der Rheinböller Hütte in den zwanziger Jahren und an zweifelsfrei harte Arbeitsbedingungen. Einen solchen kleinen Einblick in die Arbeitsverhältnisse auf der Rheinböller Hütte gibt der Bericht eines älteren Bürgers aus Dichtelbach, dessen Vater (1935 an Staublunge gestorben) und Vorfahren als Arbeiter auf der Hütte tätig waren. Die Namen der Familie finden sich im übrigen auch in den Knappschaftsprotokollen belegt.

Rheinböller Hütte: Ständchen der Belegschaft anläßlich der Hochzeit von Dr. Paul Kirsch-Puricelli 1927.

"Nach der Schule gingen viele Jungen direkt zur Hütte, dort hat man praktisch schon auf die Schulabgänger gewartet. Mein Vater hatte Staublunge, da konnte er in der Gießerei nicht arbeiten. Dann kam er rauf zu den Tagelöhnern, dort hatte er jede Stunde einen Groschen weniger als vorher.

Der Vater war Former und Gießer. Morgens wurde geformt und nachmittags wurde gegossen. Die Tagelöhner waren beim Verladen am Bahnhof beschäftigt. Die Gußprodukte wurden unten von der Gießerei mit Loren und einem Pferd zum Bahnhof gebracht.

Im "Passiven Widerstand" wurde das Roheisen von Bacharach vom Schiff abgeholt und mit Pferden nach Rheinböllen gebracht, weil man die Bahn ja nicht benutzen wollte. Die haben damals eine solche Last gezogen, daß sie da unten den Kohlhof gar nicht entlang fahren konnten, weil es zu steil war. Die Tagelöhner haben auch Packheu gemacht, so Schilf und Gras an den Teichen, um das Gußmaterial verschicken zu können. Ich kann mich auch erinnern, daß Modelle aus Holz und Metall gebaut wurden - auch von den Tagelöhnern. Dazu kam noch eine Schmiede und die ganze Versorgung der Arbeitspferde. Die Tagelöhner haben aber weniger verdient, vielleicht war die Arbeit auch ein wenig leichter.

Auf der andern Seite - wer was verdienen wollte, da unten, der mußte schaffen wie ein Brunnenputzer. Und wenn die Sandformer abends heimkamen, dann waren die schwarz wie die Schornsteinfeger. So schlecht waren damals die sanitären Verhältnisse - was das betrifft - also Staubabsauger, so was gab es nicht. Sie hatten aber für die Mittagspause einen ziemlich geräumigen Speisesaal. Und wer morgens den Henkelmann mitgebracht hat, der wurde dann mittags dort gewärmt. Da war extra einer abgestellt für diese Arbeit. Es gab auch Brausen gegenüber - Duschen waren auch da.

Die Belegschaft wird so 200 Mann gehabt haben, von Dichtelbach - na das waren ca. 30 bis 40 Mann, die dort gearbeitet haben. Mein Vater ist 38 Jahre zur Hütte gelaufen - zu Fuß. Dreiviertel Stunden ist man gegangen, vielleicht auch nur eine gute halbe Stunde. Da unten an der Kreuzung gab es mal einen alten Wegweiser, der ist nach dem Ersten Weltkrieg aufgestellt worden, da stand drauf: 'Rheinböller Hütte 2,6 km'.

Daxweiler Arbeiter an einem Cupolofen der Rheinböller Hütte, undadiert

Wir Kinder haben dem Vater das Essen auch mittags zur Hütte gebracht. Die Mutter hat gekocht, und einer hat dann den Henkelmann geschnappt. Um diese Zeit hat der Unterricht um elf Uhr vormittags geendet und um ein Uhr mittags ging es weiter. In der Zeit haben wir den Henkelmann zur Hütte geschafft. Das waren mehrere Kinder, aber nicht alle. Manchmal wurde auch was für den Nachbarn mitgenommen oder die Männer haben ihren Henkelmann schon morgens mitgenommen und gewärmt. Ja und bei uns - wir waren sechs 'Trabanten', da mußte immer einer verfügbar sein. So hat der Vater dann frisches Essen gehabt.

Da wurde auch nicht gefragt, wenn es glatt war morgens. Ich erinnere mich, daß mein Vater alte Strümpfe über die Schuhe gezogen hat und ist dann losgepilgert. Die waren dann hinten beim Sportplatz schon aufgeweicht oder ganz kaputt. Da wurde aber nicht gefragt - es ist glatt, wir können nicht kommen. Das ist heute anders.

Arm war man damals. Ich entsinne mich in der Schule, in der Pause da gab's immer Brot, ein doppeltes, also zwei Scheiben. Aber wir waren zu viert, und dann hat die Mutter für jeden ein Viertel daraus geschnitten. Leisten konnte man sich gar nichts.

157

Der Vater hatte mal zwei Gesellen gehabt. Da hat er im Monat 190,- Mark gehabt und mußte die beiden noch bezahlen. Und die beiden zusammen haben 100,- Mark gekriegt. Mein Vater hatte da noch 90,- Mark. Die meisten Hüttenleute hatten noch eine kleine Landwirtschaft. Die hatten dann zwei Kühchen zum Fahren - zeitweise, manchmal wurde auch mit dem Nachbarn zusammengespannt. Was das für ein 'Murks' war. Der hat den Wagen gehabt, der eine Kuh, wir hatten eine. Wenn man dann fahren wollte, mußte man mit der Kuh da runter oder die andere mußte geholt werden - und was nicht alles. So mußten sich aber die Leute helfen - so umständlich. Wir mußten auch das Brennholz von Hand schneiden, so zehn Meter, da drüben. Es gab damals auch schon eine Maschine - ich war so neun Jahre alt. Da kam einer von Rheinböllen. Damals konnten wir uns das aber nicht leisten. Da gab es eine Familie, die hat sich die Arbeit gesteigert, das Schulholz klein zu machen - die haben es mit der Hand gesägt, der Mann und die Frau. Die hatten vielleicht drei Hektar und waren froh, wenn sie die zwei Kühe ernähren konnten. Die haben damals gesteigert, den Meter schneiden und hacken für eine Mark.

Sogenannte Heukirmes an der auf der Daxweiler Gemarkung befindlichen Mühle oberhalb der Rheinböller Hütte, 1928.

Bei der Löhnung auf der Hütte gab es zweimal Abschlag, um den 10. und um den 20., und am Monatsende die Spitze. Manchmal haben wohl auch welche um Vorschuß gefragt, nur ein paar Groschen, weil nichts mehr da war - verläßliche Arbeiter haben auch was bekommen. Na da war auch beim Bäcker notiert, wenn kein Geld da war, um das Brot zu bezahlen. Also was die Lohnzahlung anbelangt, da hatte damals die Fabrik nicht den besten Ruf. Da unten ist ja das Gasthaus "Zur Eisenhütte". Da sind damals vorwiegend Liebshausener eingekehrt - alle sind da mal hingegangen, aber viele sind nach Hause und wußten - ich brauch's, wenn das nur ein Verdienst war.

Auf der Hütte hat sogar eine Frau aus dem Dorf gearbeitet. Der Bruch aus der Gießerei - oder zuerst kam alles, was aus der Gießerei kam, in das Putzhaus; Staub und Reste wurden entfernt, dann wurde kontrolliert, ob Fehlstellen drinn waren. Was nichts war, das wurde wieder eingeschmolzen. Und die Reste, der Bruch - das wurde mit so einer Eisenkugel zusammengedrückt. Damals hat man gesagt, die hätte 17 Zentner gewogen. Die wurde mit einem Kran hochgezogen - na, so etwa zwei Stockwerke vor dem Eingang zur Gießerei. Vier Mann haben da gedreht, auf jeder Seite zwei Mann. Unten lag das Zeug und die Kugel hat dann den Bruch klein geschlagen, wenn sie runterfiel. Bei diesen Leuten hat die Frau gearbeitet. Auch beim Heumachen für die Arbeitspferde oder beim Wiesenputzen haben damals Frauen mitgearbeitet.

Manche Arbeiter sind auch die ganze Woche auf der Hütte geblieben, Liebshausener und Kisselbacher vor allem. Immerhin - von Liebshausen nach Rheinböllen sind es vier Kilometer und von Rheinböllen nochmal darunter - das morgens hin und abends wieder heim, also das war schon was. Die haben dann auf der alten Hütte gewohnt. Da konnte man eigentlich ganz gut bleiben. Es gab zwei Frauen, die haben da Ordnung gehalten. Beköstigt haben sich die Arbeiter selbst. Das Gebäude steht nicht mehr, da ist jetzt der Parkplatz."[9]

Der Arbeitsplatz Eisenhütte bildet die Grundlage für weitere Erzählungen, z. B. auch die Erinnerung daran, daß bei Fehlguß und durch Unachtsamkeit verursachtem Bruch der Gußware zur persönlichen Haftung des Arbeiters führte.

Diese Konstellation wurde in einigen Gesprächen als klassisches Prinzip der Gewinnmaximierung des Unternehmers auf Kosten des Arbeiters (Ersatzleistung durch Lohnabzug bzw. Strafgeld) interpretiert, begünstigt durch die damalige Monopolstellung des großen Arbeitgebers "Rheinböller Hütte" und "Stromberger Neuhütte".[10] Diese Einschätzung gilt es zu relativieren, denn das Prinzip der privaten Haftung als Bestandteil aller Arbeitsverträge bis in die Gegenwart ist klar geregelt. Es tritt im Bewußtsein der Öffentlichkeit vielleicht weniger zu Tage, weil sich die Mechanismen der Konfliktaustragung in diesem Fall geändert haben, und die Stellung der Arbeitnehmer durch eine entsprechende Gesetzgebung und tarifliche Vereinbarungen gegenüber dem Unternehmen im Verlauf der Jahre gestärkt worden ist. Daß es allerdings unter den damaligen Verhältnissen auch zu erträglichen Lösungen auf der Rheinböller Hütte kommen konnte, dafür spricht folgende von Josef Lay im Nahelandkalender mitgeteilte Erzählung:

Peter (vgl. Abb. oben v. l. im Bild), ein Daxweiler Original, war auf dem Magazin der Rheinböller Hütte beschäftigt. Von hier aus mußten Öfen und Herde, wenn sie per Bahn verfrachtet werden sollten, über kleine Feldbahngleise mit Pferd und Loren zur höher liegenden Bahnrampe am Rheinböllener Bahnhof gebracht werden. „Die Gleisstrecke führte stellenweise am stark abfallenden Ufer des Guldenbachs entlang. Gerade dieses Stück hatte die größte Steigung. Wieder wurde ein Waggon geladen, aber diesmal sollten Öfen und Herde zu einer Ausstellung ge-

Arbeiter der Rheinböller Hütte sitzen in den Transportloren. Vorne links im Bild „Peter – ein Daxweiler Original".

hen, und es war besondere Sorgfalt angesagt. An zwei 'Musterherden' wurden noch kurzfristig kleine Veränderungen vorgenommen. Die konnten erst in letzter Minute fertiggestellt werden. Peter bekam den Auftrag, diese beiden Herde noch zum Waggon zu bringen. Weil bald Feierabend, nahm Peter nicht wie üblich ein Pferd zum Vorspann, sondern wollte die Lore, mit den beiden übereinandergestellten Herden, mit eigener Kraft zum Bahnhof drücken. So ging es am Anfang des Weges ganz gut, aber bald kam das ansteigende enge Stück am Bachufer. Peter mußte mit aller Kraft schieben. Aber plötzlich rutschte der oberste Herd und beide Musterherde kippten in den Guldenbach. Da lagen sie nun, die 'Austellungsstücke', im kalten Wasser des Baches und waren demoliert. Der Lademeister mußte natürlich dem Betriebsleiter von diesem 'Unglück' berichten, und dieser ließ den Peter zu sich 'auf das Büro' kom-*

159

men. *Die Sache war dem Peter sehr peinlich und deshalb war er auch in großer Aufgregung. Als er nun vor dem Betriebsleiter stand und dieser ihn fragte: 'Herr, wie konnte das denn passieren, und dann auch noch mit den wertvollen Herden, auf die wir auf der Messe so viele Hoffnung gesetzt hatten?' brachte Peter nach längeren Versuchen nur die Worte hervor: 'Ei-ei, i-i-ch ho-ho-honnse perr Bach ge-ge-geschickt.' Der Betriebsleiter, der ihn wegen seiner Unvorsichtigkeit heftig rügen wollte, konnte sich beim Anblick des schwer arbeitenden Gesichtes nicht mehr das Lachen verbeißen und schickte ihn schnell wieder fort.* "[11]

Vergessen sind in der noch existierenden mündlichen Überlieferung die Verhandlungen zwischen Handwerkern und den Hüttenbesitzern, die eine deutliche Diskrepanz zwischen der Bereitschaft zu großzügiger finanzieller Ausstattung von Stiftungen und dem geschäftlichen Alltag offenlegen, denn aus Briefwechseln, die im Aktenbestand zum Bau der Daxweiler Kirche, von der Familie Puricelli großzügig unterstützt, überliefert sind, geht deutlich hervor, daß im Geschäftsalltag gegenüber den zuliefernden Handwerkern mit äußerst spitzem Bleistift gerechnet wurde. Unter Berücksichtigung dieser Dokumente ließen sich weitere Hinweise auf das Leben und die Arbeitsbedingungen im gesamten Umfeld der Unternehmerfamilie und ihrer Werks- bzw. Wohnanlagen erwarten.[12]

An dieser Stelle soll lediglich noch auf ein Foto hingewiesen werden, das Baron Dr. Paul Kirsch-Purcelli 1956 zeigt, als er bei einem Besuch des Trierer Bischofs Bernhard Stein in Daxweiler die Begrüßungsansprache hielt. In Daxweiler erinnert man sich, – und das Foto (Vgl. Abb. oben) macht die Version plausibel – daß die Textvorlage für die Ansprache im vorgehaltenen Bowler-

Daxweiler: Baron Dr. Paul Kirsch-Puricelli bei der Begrüßung des Trierer Bischofs Bernhard Stein. Aufnahme von 1956.

Hut versteckt war. Die kleine Gedächtnisstütze sei aus dem Hut herausgefallen.[13] Diese Episode soll überleiten zu einem weiteren thematischen Komplex von Erinnerungen.

Anekdotenhafte und mündliche Überlieferungen
Auf die Frage nach Erinnerungen an die Unternehmerfamilie Puricelli wird in der Region um die Industrieanlagen häufig auf kleine, in Anekdoten überlieferte Episoden hingewiesen. Diese Geschichten beziehen sich in aller Regel auf die Ende des 19. Jahrhunderts lebenden Mitglieder der Unternehmerfamilie und werden in der alltäglichen Überlieferung somit schon in der zweiten oder dritten Generation weitererzählt. Es ist mithin von einer

großen Schwundstufe im erzählerischen Repertoire auszugehen. Bei dem Versuch, solche Geschichten zu erfahren, stellte sich heraus, daß die Episode um die Versteigerung der Schiefergrube Kaub offensichtlich einen sehr hohen Bekanntheitsgrad besitzt, denn sie wurde mir von unterschiedlicher Seite stets als erstes mündlich und sogar schriftlich[14] mitgeteilt.

Die historische Grundlage der Erzählung bietet der Erwerb des im 19. Jahrhundert sehr bedeutenden, 1837 begründeten Wilhelm-Erbstollen im Bergamtsbezirk Diez. 14 Gruben und -felder, die sich aus 41 Konzessionen zusammensetzten, bildeten in einen zusammengefaßten Komplex von 5.412.580 qm. Diesen Erbstollenkomplex erwarb am 13.5.1870 die Firma Gebr. Puricelli und baute die Anlage in der Folgezeit, bis 1905, systematisch aus.[15]

Die Ersteigerung der Grube Kaub

Nachdem C. Puricelli erfahren hatte, daß in Kaub Schiefergruben zu ersteigern waren, merkte er sich den entsprechenden Termin vor. Mit seinem Hut und Lodenmantel bestieg er die Kutsche und machte sich auf den Weg zum angesetzten Termin. In Bacharach ließ er die Kutsche warten und setzte mit einem Boot über den Rhein. Als C. Puricelli schließlich im Versteigerungslokal angekommen war, hatte die Veranstaltung längst begonnen. Versteigert wurde bei einer brennenden Kerze, wobei der Docht an einer für die Bieter unbekannten Stelle durchschnitten war und auf diese Weise die Frist für die Angebote limitierte.

Als Puricelli den Raum betrat, war die Kerze schon ein gutes Stück abgebrannt. Die anwesenden, gut gekleideten Herrn nahmen den ihnen unbekannten Mann mit Hut, Lodenmantel und Rucksack zunächst kaum wahr, als er in der hinteren Reihe des Lokals Platz nahm. Erst als er das stehende Gebot für die Grube überbot, zog er ein spöttelndes Lächeln der Anwesenden auf sich. Man wollte sich nun einen Spaß mit dem seltsamen Gast machen und gab kein weiteres Gebot mehr ab, so daß der Zuschlag an den Herrn im Lodenmantel ging, als die Kerze abgebrannt war. Puricelli ging nach vorn, nahm die Geldkatze aus dem Rucksack und zählte vor den erstaunten Versteigerungsteilnehmern den Betrag auf den Tisch. Dann sagte er ganz ruhig: 'Ich bin der Puricelli – dabei auf die Herrn in Frack und Zylinder zeigend – und habe mehr Geld als ihr alle zusammen!'

Die vorgestellte Episode rückt exemplarisch zwei Aspekte deutlich hervor. Es ist einerseits der für die damaligen Verhältnisse in der Öffentlichkeit unvorstellbare Reichtum des Hüttenbesitzers und andererseits seine offenbare Vorliebe, mit diesem gewissermaßen zu kokettieren. Hut und Mantel treten im übrigen auch in anderen Überlieferungen als Markenzeichen des "alten Puricelli" hervor, insbesondere bei einem zweiten Erzählkomplex, der den Jagdherrn Puricelli betrifft. Gerade dieser Bereich ist mit mehreren Überlieferungen bedacht, und dies läßt sich – zunächst unabhängig von bestehenden Fakten – damit erklären, daß im sogenannten "Jägerlatein" ein spezifischer und langfristig wirkender Überlieferungsträger vorliegt. Die verwandtschaftlichen Beziehungen zur Familie Utsch seien in diesem Zusammenhang nur marginal erwähnt. Tatsächlich besaßen die Hüttenbesitzer im Soonwald und im Bingerwald ausgedehnte Jagdreviere; und zum Troß der Angestellten gehörten viele

Ockenheimer Roth: Carl (III.) Puricelli' sche Jagdhütte, 1995.

161

Jäger. Aus diesem Bereich wurden bis in die Mitte des 20. Jahrhunderts in einer Gaststätte am Entenpfuhl im Soonwald Anekdoten überliefert. Herr Josef Lay aus Daxweiler erinnert sich an so manchen Aufenthalt der Puricelli im Gasthaus "Zum Jäger aus Kurpfalz".[16)]

"Meine Mutter war im letzten Jahrzehnt des vergangenen Jahrzehnts auf dem Entenpfuhl geboren, wo mein Großvater die Gastwirtschaft 'Zum Jäger aus Kurpfalz' betrieb. Die Straße, die am Entenpfuhl vorbei führte, verband den Kreuznacher mit dem Gemündener und Kirchberger Raum und wurde von Händlern und Holzfuhrwerken in beiden Richtungen stark befahren. Und weil man es in der damaligen Zeit nicht so eilig hatte, wurde auch schon einmal eine Pause für einen oder zwei Fuhrmannschnäpse gemacht. Neben den Vorgenannten waren, besonders an Sonntagen viele 'Ausflügler' mit Kutschen oder Chaisen unterwegs. So kamen auch öfters die Puricellis, d. h. Carl Puricelli III., seine Nichte Olga und deren Kinder Paul und Marliese, um entweder das Grab ihres Vorfahren, des 'Jägers aus Kurpfalz' (Friedrich Wilhelm Utsch) in Auen bei Monzingen, oder Verwandte in Sobernheim zu besuchen. Bei diesen Fahrten wurde üblicherweise an der, nach dem berühmten Jäger benannten Wirtschaft abgestiegen, um sich von der Fahrt zu erholen. Meistens waren die Puricellis in Begleitung von mehreren reitenden Jägerburschen, die sich ob des Rittes auch gerne eine Ruhepause gönnten. Wenn sich dann bei reichlichem Essen und Trinken die rechte Stimmung einstellte, wurde mein Großvater ermuntert, die Geschichte des großen, in der Wirtschaft hängenden Ölbildes[17)] oder sonstige den 'Jäger aus Kurpfalz' betreffende Geschichten zu erzählen. So war es dann nicht verwunderlich, wenn man länger als gewollt, in lustiger Runde sitzen blieb. Allein den beiden Kindern, Paul und Marlies, Kinder von Nikolaus Kirsch und Olga Puricelli, wurde es in der Wirtsstube zu langweilig. Mit den Kindern vom Weiler Entenpfuhl wurde dann in Stall, Scheune und Wald gespielt. Oft mußten die Jägerburschen die dann Vermißten suchen, wenn man sich endlich entschlossen hatte, die Heimfahrt anzutreten. Bei solchen fröhlichen Zechereien, wo auch so mancher Taler gewechselt wurde, kam es vor, daß, wenn mein Großvater im Keller den Krug füllen mußte, den Hut von Carl Puricelli am Gaderobenhalter sah, vielleicht sogar in die Hand nahm und zu sich selber sagte: "Diesen alten, abgängigen Hut trägt der reiche Herr schon fast vierzig Jahre, wieviele Hüte bekäme er für den heutigen Nachmittag. Aber so ist er eben, der Nachfahre des Jägers aus Kurpfalz ..."[18)]

Ein dritter Erzählkomplex um die Unternehmerfamilie behandelt amouröse Geschichten und Abenteuer, die, sofern noch bekannt, eher hinter vorgehaltener Hand berichtet werden und stets mit dem Hinweis, man wolle sich keiner üblen Nachrede schuldig machen. Berichtet wird von Gelegenheiten, wo sich Carl mit Damen getroffen haben soll, z. B. in der noch erhaltenen Jagdhütte im Ockenheimer Roth (Binger Wald), in einem Gartengrundstück in Dichtelbach oder bei der Carlsburg über dem Guldenbachtal.

Daxweiler: Haus für eine der Haushälterinnen der Familie Puricelli.

In einer vorsichtigen Bewertung der drei genannten Themenkomplexe erweist sich der zuletzt erwähnte noch nach Jahrzehnten als deutlich tabuisierter Aspekt, woraus umgekehrt aus der scheinbar anekdotischen Überlieferung ein hoher Wahrheitsgehalt zu schließen ist. So soll im folgenden der Zurückhaltung der Informanten auf diesem Gebiet der mündlichen Überlieferung Rechnung getragen und diese Thematik nicht weiter verfolgt werden.

Resümee

Abschließend stellt sich insgesamt noch die Frage nach dem Quellenwert und Informationsgehalt der angesprochenen Erzählungen, die unmittelbar aus dem langjährigen Wirken einer Unternehmerfamilie entstanden sind. Sie sind das Ergebnis subjektiver Wahrnehmungen und Interpretationen in verschiedenen alltäglichen Lebensbereichen. Faßt man die kleinen Mosaiksteine dieser mündlichen Überlieferungen zusammen, so ergeben sich im wesentlichen drei Komplexe.

Der erste ist gebunden an die im Umfeld der Industrieunternehmung Rheinböller Hütte bestehenden Arbeitsverhältnisse, die zum Teil noch bis zur Gegenwart nach einem Klassenmuster intepretiert werden: hier der allmächtige Unternehmer, dort der Arbeiter und Tagelöhner. Dazu gehört aber auch das Wissen und die Anerkennung um die unternehmerische Leistung, die durch verschiedene Publikationen in der Öffentlichkeit bekannt gemacht wurden.

Der zweite Überlieferungskomplex, hier u. a. gebunden an die St. Clara Haushaltungsschule, betrifft die karitativen und sozialen Maßnahmen, die insbesondere durch die Frauen in der Familie ins Leben gerufen wurden. Vor allem im kirchlichen Bereich wurde immer wieder an diese Tätigkeit erinnert. Schließlich haben alle Personen, die vom sozialen Engagement der Unternehmerfamilie profitieren konnten, einen besonderen Bezug zu den verschiedenen Einrichtungen bzw. Stiftungen.

Der dritte Aspekt, die anekdotische Überlieferung, erscheint bei näherem Hinsehen als eine populäre Verarbeitung tatsächlicher Ereignissen. Zugleich findet sich in den Geschichten aber auch deutlich der Hinweis auf eine Art "Originalität", die dem Hüttenbesitzer Carl (III.) Puricelli zugesprochen wird, die ihn für das Umfeld als Erzählstoff interessant machte und die den Grundstoff mancher Erzählung bietet. Das Außergewöhnliche lag zweifelsfrei in einer gewissen unternehmerischen Schlitzohrigkeit und der sozialen Stellung, verbunden mit der Jagdleidenschaft, mit einem volkstümlichen Habitus (Hut, Mantel, Dialekt) und im Einzelfall im Hang zur Lebensbejahung.

Das für den ländlichen Raum besondere gesellschaftliche Umfeld – die Lebenswelt einer Großindustriellen-Familie – das "Außergewöhnliche" liefert somit die Basis der Erzählungen. Eine gewisse Analogie zu den in vielen Dörfern bekannten Anekdoten um Menschen, die in der Sozialhierarchie der dörflichen Gesellschaft im unteren Bereich angesiedelt waren, ist dabei nicht zu übersehen.

Als zunächst abschließender Aspekt in bezug auf neuere öffentliche Überlieferungen sind die Maßnahmen zur Stabilisierung von Erinnerung zu nennen, beispielsweise die Benennung der Rheinböllener Schule in "Puricelli-Schule" oder die Benennung des großen Saales im Rheinböllener Kulturzentrum nach der Stifterin des Waisenhauses "Franziska". Nach den Gedenkfeiern zum 100. Todestag der Stifterin steht zu erwarten, daß die Familie Puricelli auch im Zusammenhang mit dem 400. Jahrestag der gesicherten urkundlichen Ersterwähnung des Hüttenwerks am Guldenbach (1598) erneut ins Blickfeld einer breiteren Öffentlichkeit gelangen wird.

Es bedarf weiterer Forschungen, um das durch die anekdotische Überlieferung gezeichnete Bild der Familie Puricelli zu verifizieren, zumal sich das Gros der überlieferten Geschichten auf Carl (III.) Puricelli bezieht, unter dessen unternehmerischer Mitwirkung der familieneigene Industriebetrieb eine Blütezeit erlebte.

Anmerkungen

1. Zur Methodik vgl. z. B. Niethhammer, Lutz (Hrsg.): Lebenserfahrung und kollektives Gedächtnis. Die Praxis der Oral History. Frankfurt 1985.

2. Zitiert nach Vorländer, Herwart: Mündliches Erfragen von Geschichte. In: Ders. (Hrsg.) Oral History. Mündlich erfragte Geschichte. Göttingen 1990. S. 7-28, hier: S. 9.

3. Eine Auseinandersetzung mit der Terminologie ist an dieser Stelle nicht beabsichtigt. Für den interessierten Leser sei in diesem Zusammenhang zur kurzen Übersicht z. B. verwiesen auf: Strassner, Erich: Schwank. 2. überarb. und erg. Aufl., Stuttgart 1978. (Slg. Metzler, M 77, Abt. E: Poetik; Röhrich, Lutz: der Witz. Figuren, Formen, Funktion. Stuttgart 1977. Brednich, Rolf Wilhelm: Die Spinne in der Yucca-Palme. Sagenhafte Geschichten von heute. München 1990. Ders. (Hrsg.): Encyclopädie des Märchens. Handwörterbuch zur historischen und vergleichenden Erzählforschung. Begr. von Kurt Ranke. Berlin–New-York. Bd. 1 (A) – Bd. 7 (K) 1977 -1993, hier z.B. der Artikel von Hermann Bau-

singer über alltägliches Erzählen (Bd. 1: Sp. 323-330) oder von Elfriede Moser-Rath über die Anekdote (Bd. 1: Sp. 528-541)

4. Eine ungleich größere Legendenbildung entwickelte sich um einen Vorfahren in der Unternehmerfamilie, den sogenannten "Jäger aus Kurpfalz" (Friedrich Wilhelm Utsch 1732-1795). Die familiäre Verbindung entstand durch die Eheschließung von Margarethe Utsch und Carl Anton Puricelli 1791.

5. Vgl. Hunsrücker Zeitung vom 31. August 1993 und der darauffolgende Leserbrief auf den Artikel "Die letzte der Puricellis", Anfang September (undatierte Kopie des Abdruckes aus privater Hand).

6. Vgl. Link, Alexander: Schrottelzeit. Nachkriegszeit in Mainz. Mainz 1990. (Studien zur Volkskultur in Rheinland-Pfalz, Bd. 8). S. 11-34.

7. Kreuznacher Oeffentlicher Anzeiger vom 26. Oktober 1996: "Einmal im Monat kam die Baronin essen. Ehemalige Haushaltungsschülerinnen erinnern sich an Clara Kirsch-Puricelli".

8. Die hier folgenden Hinweise verdanke ich einer Informantin, die namentlich nicht genannt sein möchte.

9. Vgl. Schellack, Fritz: Dichtelbach. 1000 Jahre Siedlungsgeschichte am Dahdilebach. Hrsg. v. der Ortsgemeinde Dichtelbach. Dichtelbach 1995. (Schriftenreihe des Hunsrücker Geschichtsvereins, Nr. 25). S. 230-232. Ders.: Arbeitsalltag und soziale Sicherung auf der Rheinböllerhütte im 19. Jahrhundert. In: Hunsrücker Heimatblätter 90, 1993, S. 451-459.

10. Zur Verwendung von Strafgeldern vgl. Puppke, Ludwig: Sozialpolitik und soziale Anschauungen frühindustrieller Unternehmer in Rheinland-Westfalen. Köln 1966. (Schriften zur Rheinisch-Westfälischen Wirtschaftsgeschichte N. F., Bd. 13. S. 90-110)

11. Vgl. Lay, Josef: Peter – ein Original von Daxweiler. (Perr Bach) In: Naheland-Kalender 1997, S. 137.

12. Auszüge aus entsprechenden Briefen wurden mir mündlich vorgelesen.

13. In bezug auf Paul Kirsch-Puricelli erhielten wir von Peter Bahn den Hinweis, daß man sich in Trechtingshausen erzähle, daß der teilweise Diebstahl der wertvollen Waffensammlung auf Burg Reichenstein im Jahre 1970 dem Eigentümer, der 1974 auf der Stromberger Hütte verstarb, das Herz gebrochen haben soll. Vgl. Bahn, Peter: Die Puricellis. Geschichte und Wirken einer rheinischen Industriellen-Familie. Bad Kreuznach 1989. S. 96.

14. Ich danke an dieser Stelle Herrn Kunz, von dem die hier folgende schriftliche Überlieferung stammt.

15. Vgl. hierzu: Ratsdorf, Holger: Rechtsrheinische Schieferabbau bei Kaub. In: Volkskunde in Rheinland-Pfalz 2, 1/1989, S. 29-53, hier insbesondere S. 43-47. Auch P. Bahn, wie Anm. 13, S. 55-56, 94.

16. An dieser Stelle danke ich Herrn Josef Lay ausdrücklich für seine freundliche Unterstützung und die Tatsache, daß er mir seine Anekdotensammlung zur Auswertung überlassen hat. Es ist zu erwähnen, daß weitere von Herrn Lay gesammelte Geschichten in den nächsten Ausgaben des Naheland-Kalenders erscheinen werden. Vgl. auch Anmerk. 8.

17. Zu diesem Ölbild vermerkt Josef Lay: "Mein Großvater hatte ein Bild in der Wirtschaft 'Zum Jäger aus Kurpfalz' hängen, etwa 100 x 100 cm groß, in Öl gemalt. Dieses zeigte einen herrschaftlichen Jäger mit einer Hundemeute und einem erlegten Sechzehnender. Schon mein Urgroßvater hatte dieses Bild bei der Auflösung der alten Försterei erworben, um es in der Wirtschaft aufzuhängen . . ."

18. Überliefert von Josef Lay, Daxweiler.

Abbildungsnachweis

Archiv St. Franziska-Stift, Bad Kreuznach: Sn. 97-98.
Landesmedienzentrum Rheinland-Pfalz, Koblenz:
Sn. 13-15 (außer S. 15 r. u.); Sn. 111-114 (außer S. 114 r. u.);
Sn. 116, 128, 133, 137-141.
Amt für kirchliche Denkmalpflege des Bistums Trier, Trier:
S. 82; 84.
Stadtarchiv Trier: S. 30 (l. o.).
K. Freckmann: S. 29 (2 x r.); Sn. 109-110.
R. Held: S. 42; 44.
J. Lay: S. 38 (l. u.); Sn. 153-154; 156-162.
F. Ronig: S. 69; 71; 77.
F. Schellack: S. 32; 144-150.
C. Graf v. Plettenberg:
alle anderen (soweit nicht anders bezeichnet).

Schriftenreihen des Freilichtmuseums Bad Sobernheim, erschienen im Rheinland-Verlag

Heft 1 Klaus Freckmann:
RHEINISCHER TABAKANBAU.
Tabakanbau und Verarbeitung.
Sobernheim 1976. 48 S., 11 Abb.   ISBN 3-7927-0359-9

Heft 2 Klaus Freckmann (Hrsg.):
RHEINISCHES TÖPFERHANDWERK.
Eifel - Mosel -Hunsrück - Nahe - Rheinhessen.
2. Aufl., Sobernheim 1983. 171 S., 250 Abb.   ISBN 3-7927-0575-3

Heft 3 Gerd Bayer / Klaus Freckmann:
KÜFERHANDWERK IM RHEINLAND.
Sobernheim 1978. 72 S., 100 Abb. (vergriffen)   ISBN 3-7927-0423-4

Heft 4 Kurt Adami / Klaus Freckmann / Konrad Grunsky-Peper:
IMKEREI IM RHEINLAND UND DER PFALZ.
Sobernheim 1979. 108 S., 131 Abb.   ISBN 3-7927-0484-6

Heft 5 MEDDERSHEIM EIN WEINDORF AN DER NAHE.
Festschrift 50 Jahre Winzergenossenschaft
"Rheingrafenberg" Meddersheim-Merxheim eG.
Sobernheim 1979. 106 S., 92 Abb.   ISBN 3-7927-0507-9

Heft 6 Klaus Freckmann / Gabriel Simons / Konrad Grunsky-Peper:
FLACHS IM RHEINLAND.
Anbau und Verarbeitung.
Sobernheim 1979. 192 S., 260 Abb.   ISBN 3-7927-0516-8

Heft 7 Klaus Freckmann / Hildegard Frieß-Reimann:
KLEINE DENKMÄLER IM LANDKREIS BAD KREUZNACH.
Wegekreuze und Grabkreuze, Grenzsteine und Meilensteine.
Sobernheim 1980. 108 S., 157 Abb.   ISBN 3-7927-0624-5

Heft 8 Klaus Freckmann / Franz Wieschem:
SCHIEFER - SCHUTZ UND ORNAMENT.
Sobernheim 1982. 96 S., 153 Abb.   ISBN 3-7927-05127-6

Heft 9 Klaus Freckmann:
WEGEKREUZE; BILDSTÖCKE UND HEILIGENHÄUSCHEN
IM LANDKREIS BERNKASTEL-WITTLICH.
Sobernheim 1984. 117 S., 218 Abb.   ISBN 3-7927-0743-8

Heft 10 Klaus Freckmann / Hans Peter Kissling:
EISENGUSS-PLATTEN und ÖFEN SAMMLUNG SIMMERHAMMER.
Sobernheim 1984. 107 S., 145 Abb. (vergriffen)   ISBN 3-7927-0803-5

Heft 11 Gerd Bayer/Hans-Eberhard Berkemann/Klaus Freckmann/Martin Kügler:
TÖNERNES - TABAKPFEIFEN UND SPIELZEUG. Rheinland - Westerwald.
Sobernheim 1987. 108 S., 124 Abb.   ISBN 3-7927-0936-8

Heft 12 Hans Tewes Schadwinkel:
DIE ARBEIT DER ZIMMERLEUTE.
Sobernheim 1988. 118 S., 125 Abb.   ISBN 3-7927-1028-5

Heft 13 Dieter Goergen / Iris Laib / Fritz Schellack / Thomas Schneider:
HAMMER UND AMBOSS. Schmiedehandwerk im Nahe-Hunsrück-Raum.
Sobernheim 1991. 118 S., 125 Abb.   ISBN 3-7927-1262-8

Heft 14 Klaus Freckmann / Fritz Schellack (Hrsg.):
LEHR- UND DIENSTZEITEN.
Beiträge zur Biographieforschung im Museumsbereich.
Sobernheim 1993. 118 S., 54 Abb.   ISBN 3-7927-1403-5

Heft 15 Klaus Freckmann / Fritz Schellack (Hrsg.):
"DER KÖNIG RUFT...".
Militär und Krieg im Alltag des ländlichen Raumes (1870-1918).
Sobernheim 1994. 119 S., 80 Abb.   ISBN 3-7927-1453-1

Heft 1 Klaus Freckmann (Hrsg.):
SOBERNHEIMER GESPRÄCHE I.
Prozesse im Raum - Zur Beziehung zwischen Tal- und Berglandschaft.
Sobernheim 1993. 110 S., 45 Abb.   ISBN 3-7927-1407-8

Heft 2 Klaus Freckmann (Hrsg.):
SOBERNHEIMER GESPRÄCHE II.
Das Land an der Nahe. Kultur und Struktur.
Sobernheim 1994. 120 S., 57 Abb.   ISBN 3-7927-1474-4

Heft 3 Klaus Freckmann (Hrsg.):
SOBERNHEIMER GESPRÄCHE III.
Das Land an der Mosel. Kultur und Struktur.
Sobernheim 1995. 157 S., zahlreiche Abb.   ISBN 3-7927-1551-1